BREVE HISTORIA DE AMÉRICA LATINA

Alberto Silva Aristeguieta

Alberto Silva Aristeguieta

Copyright © 2017 Alberto Silva Aristeguieta

All rights reserved.

ISBN-13: 978-1537737454

ÍNDICE

PRÓLOGO 7

CAPÍTULO 1.   DONDE SE CUENTA CÓMO SE FUE POBLANDO LO QUE ES HOY LA AMÉRICA LATINA 8

    LOS HOMBRES MODERNOS LLEGARON A AMÉRICA DESDE ASIA 8

    LA VIDA DE LOS PRIMEROS POBLADORES PARECE HABER SIDO MUY TRANQUILA 11

    LOS INDIOS AMERICANOS SE CONVIRTIERON EN AGRICULTORES 12

    LOS LUGARES PREFERIDOS PARA ASENTARSE FUERON MÉXICO Y PERÚ 13

    LAS COMUNIDADES FUERON DESARROLLANDO FORMAS DE VIDA MAS ELABORADAS 13

CAPÍTULO 2.   QUE TRATA DE LAS GRANDES CULTURAS INDÍGENAS QUE SE DESARROLLARON 15

    EN MÉXICO Y PERÚ COMENZARON A SURGIR LAS GRANDES CULTURAS INDÍGENAS HACE UNOS 3000 AÑOS 15

    LA GRAN CULTURA MAYA TAMBIÉN TUVO UN ORIGEN MUY ANTIGUO, PERO SE EXTINGUIÓ ANTES DE QUE LLEGARAN LOS ESPAÑOLES 20

    LOS IMPERIOS DE LOS AZTECAS Y DE LOS INCAS SE FORMARON POCO ANTES DE LA LLEGADA DE LOS ESPAÑOLES 22

    VARIAS CULTURAS MENORES SE DESARROLLARON EN OTROS LUGARES 26

    LOS MITOS SON UNA DE LAS CARACTERÍSTICAS MÁS IMPORTANTES DE LAS CULTURAS INDÍGENAS AMERICANAS 28

CAPÍTULO 3.   DE LO QUE PASÓ CUANDO ESPAÑOLES Y PORTUGUESES SE ENCONTRARON CON EL NUEVO MUNDO 30

    LOS ESPAÑOLES DESCUBRIERON AMÉRICA SIN SABER ADONDE HABÍAN LLEGADO 30

EL ENCUENTRO ENTRE ESPAÑOLES E INDÍGENAS CAUSÓ GRAN ASOMBRO A AMBOS 31

LOS ESPAÑOLES COMENZARON MUY PRONTO A EXPLORAR EL TERRITORIO QUE HABÍAN DESCUBIERTO 32

LOS PRIMEROS ASENTAMIENTOS SE ESTABLECIERON EN ISLAS DEL CARIBE ... 34

EN MUY POCO TIEMPO SE LOGRÓ LA CONQUISTA DE MÉXICO 34

EL PROCESO DE CONQUISTA SE DIRIGIÓ ENTONCES AL PERÚ 36

LA CONQUISTA PROSIGUIÓ LUEGO HACIA LOS OTROS PAÍSES DE SURAMÉRICA 39

LA SOCIEDAD COLONIAL COMENZÓ ENTONCES A ORGANIZARSE.................... 40

EL MESTIZAJE Y LAS DIFERENCIAS SOCIALES SE COMENZARON A MANIFESTAR DESDE LOS INICIOS DE LA COLONIA 43

EL PROGRESO INICIAL DE LAS COLONIAS SE VIO FRENADO POR LA DECADENCIA DE ESPAÑA Y PORTUGAL.. 44

LOS PIRATAS FUERON UNA SERIA AMENAZA 44

A PESAR DE TANTOS CONFLICTOS, LA ACTIVIDAD CULTURAL FUE INTENSA.... 45

CAPÍTULO 4.   DE CÓMO LAS COLONIAS DE ESPAÑA Y PORTUGAL SE FUERON CONSOLIDANDO 47

AL COMENZAR EL SIGLO XVII LA REGIÓN YA TENIA SU SISTEMA DE CIUDADES 47

LA IGLESIA CATÓLICA CONTINUÓ CON SU ACTIVIDAD MISIONERA.................. 49

LOS PIRATAS SIGUIERON HACIENDO DE LAS SUYAS 50

LA RIQUEZA FUE DIVIDIENDO A LA SOCIEDAD.. 51

BRASIL ENTRÓ EN DECADENCIA, PERO LUEGO SU SUERTE CAMBIÓ 53

LA CULTURA SIGUIÓ PROGRESANDO.. 54

CAPÍTULO 5.   DE LO QUE SUCEDIÓ CUANDO LAS COLONIAS COMENZARON A PROSPERAR   56

LOS BORBONES LLEVARON A CABO REFORMAS IMPORTANTES 56

TODA LA REGIÓN PROGRESÓ MUCHO, PERO SOBRE TODO MÉXICO Y BRASIL 58

ESPAÑA LLEGÓ A DOMINAR DOS TERCIOS DE LOS ACTUALES ESTADOS UNIDOS 59

LAS COLONIAS COMENZARON A SENTIR DESEOS DE INDEPENDENCIA 60

CAPÍTULO 6. DE CÓMO LAS COLONIAS ESPAÑOLAS LOGRARON SU INDEPENDENCIA 63

HAITÍ SE INDEPENDIZÓ PRIMERO 63

LAS COLONIAS HISPANOAMERICANAS LOGRARON SU INDEPENDENCIA TRAS UNA GUERRA DEVASTADORA 64

BRASIL CONTINÚO SIENDO UNA COLONIA PORTUGUESA 68

LA INDEPENDENCIA TRAJO COMO CONSECUENCIA LA DESTRUCCIÓN DE LA UNIDAD HISPANOAMERICANA 69

LAS NUEVAS NACIONES HISPANOAMERICANAS TUVIERON MUCHAS DIFICULTADES AL INICIO 70

COMENZÓ A MANIFESTARSE UNA CULTURA CON RASGOS MÁS PROPIOS...... 71

CAPÍTULO 7. QUE TRATA DE LA CONSTRUCCIÓN DE UN NUEVO ORDEN 73

UN NUEVO ORDEN SE COMENZÓ A CONSTRUIR 73

LIBERALES Y CONSERVADORES SE ENFRENTARON POR EL PODER 74

EL PROGRESO DE ARGENTINA FUE NOTABLE 74

EN MÉXICO OCURRIERON CAMBIOS POLÍTICOS IMPORTANTES 75

EN SURAMÉRICA SIGUIERON LAS GUERRAS 77

BRASIL FINALMENTE SE INDEPENDIZÓ 78

LA INMIGRACIÓN EUROPEA PROVOCÓ UN CAMBIO DE COSTUMBRES 79

ESTADOS UNIDOS COMENZÓ A TENER GRAN INFLUENCIA EN LA REGIÓN 80

SE COMENZÓ A UTILIZAR EL NOMBRE DE AMÉRICA LATINA 81

LOS ESCRITORES SE AFIRMARON COMO LOS PRINCIPALES EXPONENTES DE LA CULTURA LATINOAMERICANA 82

CAPÍTULO 8.   DONDE SE CUENTAN LAS DIFICULTADES PARA ESTABLECER LA DEMOCRACIA EN LA REGIÓN 83

LOS INTENTOS PARA ESTABLECER LA DEMOCRACIA SE ENCONTRARON CON MUCHOS OBSTÁCULOS 83

LOS ESTADOS UNIDOS INTERVINIERON EXCESIVAMENTE EN AMÉRICA LATINA 84

CONTINUÓ EL PROGRESO ECONÓMICO, PERO TAMBIÉN LA INSATISFACCIÓN POPULAR 85

LA REVOLUCIÓN MEXICANA INTENTÓ IMPONER UN CAMBIO SOCIAL 85

EN EL RESTO DE LA REGIÓN SE COMENZARON A IMPONER DICTADURAS 87

LA DEMOCRACIA EN ARGENTINA FRACASÓ POR LA DICTADURA POPULISTA DE PERÓN 89

EL POPULISMO TAMBIÉN SE IMPUSO EN PERÚ 90

EN BRASIL SURGIÓ LA DICTADURA DE GETULIO VARGAS 90

PARAGUAY Y BOLIVIA TUVIERON SU PROPIA GUERRA 91

EN GUATEMALA Y EN VENEZUELA SE VIVIERON TAMBIÉN PROCESOS REVOLUCIONARIOS.. 92

LA SEGUNDA GUERRA MUNDIAL TRAJO CAMBIOS IMPORTANTES PARA LA REGIÓN 93

LA CULTURA Y EL DEPORTE PROGRESARON CONSIDERABLEMENTE................ 93

CAPÍTULO 9.   DONDE SE PROSIGUE LA NARRACIÓN DE LAS VICISITUDES DE LA DEMOCRACIA   95

LA DEMOCRACIA SIGUIÓ AMENAZADA POR LAS DICTADURAS......................... 95

LOS MILITARES SE CONVIRTIERON EN ACTORES POLÍTICOS POR LA FUERZA... 96

LOS COMUNISTAS TAMBIÉN ESTABLECIERON DICTADURAS EN LA REGIÓN 99

BOLIVIA TAMBIÉN TUVO SU REVOLUCIÓN 102

EL PRI SE MANTUVO EN EL PODER EN MÉXICO HASTA FINES DEL SIGLO XX .. 102

ESTADOS UNIDOS CONTINUÓ INTERVINIENDO, PERO DE MANERA DIFERENTE 103

LA REGIÓN SIGUIÓ SIN LOGRAR UN DESARROLLO ESTABLE 103

LA CULTURA Y EL DEPORTE SIGUIERON PROGRESANDO 105

CAPÍTULO 10.   QUE TRATA DE LOS ENORMES RETOS DEL PRESENTE SIGLO . 108

SIGUE LA DESCONFIANZA EN EL SISTEMA POLÍTICO 108

LA ECONOMÍA SE HA DEBILITADO 111

LA POBREZA NO CEDE Y LA INSEGURIDAD AUMENTA 112

LA CULTURA Y EL DEPORTE PROGRESAN MODERADAMENTE 114

LA POBLACIÓN SIGUE CRECIENDO 115

BIBLIOGRAFÍA 116

BIBLIOGRAFÍA GENERAL 116

ARGENTINA 116

BOLIVIA 117

BRASIL 117

CENTROAMÉRICA 117

CHILE 117

COLOMBIA 117

CUBA 118

ECUADOR 118

HAITÍ 118

MÉXICO 118

PANAMÁ 118

PARAGUAY 118

PERÚ 119

REPÚBLICA DOMINICANA 119

URUGUAY 119

VENEZUELA 119

PRÓLOGO

América Latina está constituida por dieciocho naciones de habla española (Argentina, Bolivia, Chile, Colombia, Costa Rica, Cuba, República Dominicana, Ecuador, El Salvador, Guatemala, Honduras, México, Nicaragua, Panamá, Paraguay, Perú, Uruguay y Venezuela), una de habla portuguesa (Brasil) y una de habla francesa (Haití). Esta lista excluye a Puerto Rico, que no es propiamente una nación, por lo menos no una nación independiente, pero es difícil considerar que no forma parte de América Latina.

América Latina es una región con mucha diversidad, tanto en sus características físico- naturales como sociales. Sin embargo, los latinoamericanos comparten una serie de características culturales que los hacen parecer mucho más uniformes, como una actitud que podríamos llamar festiva ante la vida, un enorme aprecio por la amistad, la familia, la conversación y el pensamiento y una gran afición por el deporte, la política y la música popular. Los une, además, un pasado histórico bastante común, que explica también muchas de las diferencias observadas, y que trataremos de resumir en este pequeño manual.

Esta obra es una síntesis de la historia de la región, desde los orígenes del hombre americano hasta nuestros días. No se pretende en este libro dar una descripción pormenorizada de acontecimientos, profundizar en ninguna de las historias nacionales o generar nuevos conocimientos históricos; tan sólo se quiere presentar una visión de conjunto, a modo de primera aproximación al conocimiento de la historia de América Latina. Son muchas las fuentes de las que se ha extraído información para conformar este texto, pero no se indican las referencias a lo largo del ensayo para preservar la sencillez y facilitar la lectura. En todo caso, se remite al lector –al final de la obra- a una bibliografía que le permitirá ampliar la comprensión histórica de la América Latina.

CAPÍTULO 1. DONDE SE CUENTA CÓMO SE FUE POBLANDO LO QUE ES HOY LA AMÉRICA LATINA

> "Más al fin, en lo que me resumo es que el continuarse la tierra de Indias con esas otras del mundo, a lo menos estar muy cercanas, ha sido la más principal y más verdadera razón de poblarse las Indias; y tengo para mí que el Nuevo Orbe e Indias Occidentales, no hace muchos millares de años que las habitan hombres, y que aquellos aportaron al Nuevo Mundo por haberse perdido de su tierra o por hallarse estrechos y necesitados de buscar nueva tierra, y que hallándola, comenzaron poco a poco a poblarla, no teniendo más ley que un poco de luz natural, y cuando mucho algunas costumbres que les quedaron de su patria primera"

Historia Natural y Moral de las Indias
Padre Joseph de Acosta

LOS HOMBRES MODERNOS LLEGARON A AMÉRICA DESDE ASIA

Aunque hace unos 40.000 a 50.000 años los hombres modernos ya estaban presentes en casi todas las regiones del planeta, no hay evidencias de su actividad hace más de 40.000 años en lo que es hoy América Latina y ni siquiera en el norte de América. Incluso entre hace 40.000 y hace 20.000 años, aunque se han localizado instrumentos de piedra y otros objetos posiblemente elaborados por el hombre, por lo que se sospecha que pueden haber comenzado a llegar en esa época desde Asia, a través del estrecho de Bering, tampoco se han encontrado pruebas claras de su presencia en este continente. Es decir, el continente americano, incluyendo la actual América Latina, fue la última región del mundo en ser habitada por el hombre. Por lo tanto, la calificación de Nuevo Mundo no puede ser más acertada para describir esta parte de nuestro planeta.

Aunque algunos científicos, sobre todo con base en los estudios genéticos, siguen pensando que los primeros hombres llegaron a América hace más de 20.000 años e incluso posiblemente hace 40.000 años, lo cierto es que los restos humanos más antiguos que han sido descubiertos hasta ahora datan probablemente de cerca de 19.000 años atrás y, curiosamente, no han sido localizados al norte de Alaska o de Canadá sino en Monte Verde, en el sur de Chile, a pesar de que existe casi total certeza de que los primeros hombres deben haber entrado por el extremo norte del continente. La explicación a este enigma es que los hombres se fueron desplazando por la costa del Océano Pacifico, pero los sitios costeros poblados con anterioridad a Monte Verde pueden haber quedado inundados por el descongelamiento de las masas de hielo que existían en el periodo glacial y, por consiguiente, no se han podido encontrar restos humanos en esos sitios. En otras palabras, desconocemos casi totalmente como ocurrió el poblamiento inicial de este continente y particularmente de la América Latina. No sabemos en cuales sitios pueden haberse establecido y ni siquiera si hicieron su recorrido a pie o también utilizando pequeños botes con remos, aunque es muy probable que hayan utilizado ambos métodos. Las investigaciones continúan con mucha intensidad y cada vez con mejores métodos, por lo que es posible que algún día tengamos mejor información sobre ese proceso.

Monte Verde (Chile) se encuentra prácticamente en el extremo sur de América. Sin embargo, es el sitio en el que se han localizado los restos humanos más antiguos, lo que ha causado cierto asombro entre los científicos, que siguen creyendo que los primeros hombres entraron a este continente por el extremo norte

Los restos humanos que han sido encontrados se hacen más frecuentes y dispersos por la región a medida que su antigüedad corresponde a menos de 14.000 años y se sabe qué hace 10.000 años ya ocupaban prácticamente todo el territorio de la actual América Latina, desde el norte de México hasta la Patagonia. Las islas del Caribe son posiblemente el último lugar al que llegaron los hombres modernos, pasando desde el sur a Trinidad, hace unos 7.000 años, y luego a las demás islas hasta llegar a Cuba, donde se cree que se establecieron hace unos 5.000 años.

Algunos científicos piensan, debido a la notable homogeneidad genética que se ha observado, que la mayor parte de los indígenas americanos son descendientes de un grupo único proveniente del noreste o el oriente de Asia, posiblemente de Mongolia, pero en general se acepta, con base en el análisis combinado de los estudios genéticos, geológicos y arqueológicos realizados, que los primeros pobladores del continente americano no llegaron de una vez sino en oleadas sucesivas y, además, con características físicas diferentes. Aunque algunos creen que predominaron los del tipo mongoloide - cráneo casi redondo, talla reducida y pómulos salientes -, la reconstrucción facial de un esqueleto de 12.000 a 13.000 años de antigüedad, hallado al norte de la ciudad maya de Tulum, correspondiente a una niña de 15 a 16 años que han bautizado como "Naia", revela más bien rasgos africanos o de los pueblos del Pacifico Sur, lo que ha contribuido a incrementar la confusión y el debate sobre el origen del hombre americano. Algunos científicos se apoyan en esta evidencia para afirmar que los grupos que vinieron a América tenían características físicas diferentes que se fueron uniformizando genéticamente.

Reconstrucción facial de "Naia", una niña de 15 a 16 años de edad que vivió hace 12.000 a 13.000 años al norte de la ciudad maya de Tulum, en la península de Yucatán. Sus rasgos son aparentemente africanos o similares a los de los pueblos del Pacifico Sur

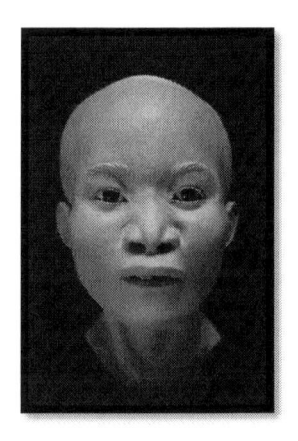

Por otras evidencias, se conoce que los habitantes primitivos del continente se movían en grupos pequeños, de 12 a 35 individuos, y ocasionalmente se unían a otros grupos para formar bandas más numerosas. Para sobrevivir, cazaban, pescaban y recogían frutas y vegetales silvestres. En los primeros tiempos cazaban animales que ahora están extinguidos, como perezosos gigantes (megaterios), paleo llamas, mastodontes, gliptodontes, toxodontes y caballos americanos. Hace unos 10.000 años la mega fauna pleistocena se extinguió y tuvieron que alimentarse principalmente de venados, camélidos, perros, cuyes y aves, aunque siempre los frutos, hojas y semillas comestibles, así como los pescados y mariscos, formaron parte esencial de su dieta y les permitieron sobrevivir.

Por supuesto, seria apasionante poder disponer hoy día de videos o documentales sobre el acontecer de esos tiempos tan lejanos. Apenas podemos atisbar como puede haber sido la vida de esos primeros americanos observando a las tribus que todavía existen en el continente, sobre todo en la región amazónica, a pesar de que tanto por la evolución de miles de años como por el contacto con la civilización contemporánea han modificado muchas de sus costumbres originales.

Indígenas aislados en la selva peruana, amenazados por el avance de la civilización moderna

LA VIDA DE LOS PRIMEROS POBLADORES PARECE HABER SIDO MUY TRANQUILA

Como ocurrió en todas las sociedades prehistóricas, se cree que los hombres se dedicaban principalmente a cazar y pescar y las mujeres a recoger frutas y vegetales silvestres, criar a los hijos, preparar los alimentos y confeccionar la indumentaria que necesitaban todos. El conocimiento de las habilidades que requerían para realizar esas labores, así como para distinguir los alimentos que podían consumir sin problema y las hierbas que pudiesen curar sus enfermedades, se fue transmitiendo de generación en generación, por lo que la experiencia de las personas viejas era muy apreciada.

Las actividades de supervivencia les dejaban mucho tiempo ocioso a estos primeros pobladores y es así que, al igual que en Europa, pudieron dedicarse a actividades artísticas. Se han encontrado pinturas sobre rocas con una antigüedad de 11.000 años. Todo esto hace suponer que su vida transcurría muy tranquilamente y quizás era así la mayor parte del tiempo, pero por lo que conocemos de la historia de la humanidad es muy probable que se las ingeniasen para pelearse, al menos de vez en cuando, dentro de sus propios grupos y con otros grupos o bandas.

No se sabe con certeza si los primeros pobladores ya conocían, cuando migraron a América, como utilizar las piedras para transformarlas en instrumentos útiles, pero, sea que trajeron ese conocimiento o lo desarrollaron en el nuevo continente, al igual que en otras partes del mundo utilizaron piedras para cazar y despellejar animales. Primero lo hicieron en formas más rudimentarias y luego fueron elaborando una gran variedad de puntas de proyectiles de piedra para cazar y lascas sencillas para despellejar los animales. Utilizaban las pieles de los grandes mamíferos que cazaban para cubrir sus chozas y los huesos largos de estos animales para manufacturar puntas de dardos o anzuelos y posibles leznas empleadas para la fabricación de redes u otros textiles, así como conchas para manufacturar recipientes pequeños, cucharas, perforadores o buriles y cuentas de collar. Hacia el año 7000 a. C., el arco y la flecha les facilitaron la caza de aves y pequeños animales terrestres, especies escasamente explotadas como fuente de alimentación hasta entonces.

LOS INDIOS AMERICANOS SE CONVIRTIERON EN AGRICULTORES

Desde el año 8000 a.C. o antes la agricultura ya se practicaba en casi todo el mundo, incluyendo el continente americano, aunque no hay ninguna evidencia de que este conocimiento haya sido transferido de un continente a otro. En los valles centrales de Oaxaca, en México, se comenzó a cultivar el maíz en esa época y pronto este cultivo se generalizó en el resto de México y en Centroamérica. Por su parte, los indios de los actuales territorios de Colombia y Venezuela cultivaron la yuca en esa misma época, separando las variedades tóxicas y no tóxicas de la planta, y los indios de Perú iniciaron en los valles más altos el cultivo de la papa, que sería luego, junto al tomate mexicano, una de las principales contribuciones hispanoamericanas a la cocina europea y occidental.

LOS LUGARES PREFERIDOS PARA ASENTARSE FUERON MÉXICO Y PERÚ

Hacia el año 5000 a.C. las condiciones climáticas habían cambiado mucho con respecto a lo que conocían de los diez milenios anteriores y los grandes animales que cazaban antes habían desaparecido, lo que los obligó a cambiar sus hábitos, dependiendo más de la agricultura y haciéndose más sedentarios. Aunque ya ocupaban todo el continente, los lugares preferidos para asentarse fueron, desde el primer momento, tanto la costa de Veracruz y todo el territorio central y sur de México como la costa y las regiones altas de Perú.

LAS COMUNIDADES FUERON DESARROLLANDO FORMAS DE VIDA MAS ELABORADAS

Para el año 3000 a.C., como se ha podido comprobar en el sitio de Huaca Prieta (Perú), sus habitantes vivían en centros poblados relativamente numerosos, sus viviendas eran de piedra, se alimentaban de diversos cultivos, así como de pescado y mariscos, cocinaban los alimentos con el auxilio de piedras calentadas (colocándolos directamente sobre ellas o introduciendo las piedras calientes en una calabaza llena de agua), fabricaban redes de pescar y vestidos empleando el algodón y enterraban los muertos en simples fosas (más tarde se construyeron tumbas abovedadas, utilizando bloques de piedra rodados).

En la región costera de Ecuador, en los sitios de Valdivia y Machalilla, también alrededor del año 3.000 a. C., sus habitantes fabricaron una alfarería que presenta gran semejanza con la que manufacturaban los habitantes de la isla de Honshu, en el archipiélago de Japón, para la misma época. Este hecho, sugiriendo una inmigración de pescadores japoneses en esa era, despierta todavía gran inquietud y curiosidad entre los antropólogos, aunque predomina una corriente de escepticismo que prefiere esperar por otras evidencias antes de aceptar la hipótesis de viajes transpacíficos precolombinos.

Hacia el año 1500 a. C., mediante la invención de un complejo proceso técnico, los amerindios de la costa colombiana y venezolana llegaron a convertir la pulpa

13

de la raíz de la yuca amarga en uno de los primeros alimentos creados por el trabajo humano en la región: el casabe.

CAPÍTULO 2. QUE TRATA DE LAS GRANDES CULTURAS INDÍGENAS QUE SE DESARROLLARON

"Después de haber dado muchas trazas y tomado muchos caminos para entrar a dar cuenta del origen y principio de los Incas Reyes naturales que fueron del Perú, me pareció que la mejor traza y el camino más fácil y llano era contar lo que en mis niñeces oí muchas veces a mi madre y a sus hermanos y tíos y a otros sus mayores acerca de este origen y principio, porque todo lo que por otras vías se dice de él viene a reducirse en lo mismo que nosotros diremos, y será mejor que se sepa por las propias palabras que los Incas lo cuentan que no por las de otros autores extraños. Es así que, residiendo mi madre en el Cuzco, su patria, venían a visitarla casi cada semana los pocos parientes y parientas que de las crueldades y tiranías de Atahualpa (como en su vida contaremos) escaparon, en las cuales visitas siempre sus más ordinarias pláticas eran tratar del origen de sus Reyes, de la majestad de ellos, de la grandeza de su Imperio, de sus conquistas y hazañas, del gobierno que en paz y en guerra tenían, de las leyes que tan en provecho y favor de sus vasallos ordenaban. En suma, no dejaban cosa de las prósperas que entre ellos hubiese acaecido que no la trajesen a cuenta"

Comentarios Reales
Inca Garcilaso de la Vega

EN MÉXICO Y PERÚ COMENZARON A SURGIR LAS GRANDES CULTURAS INDÍGENAS HACE UNOS 3000 AÑOS

Los grupos que se habían instalado desde aproximadamente el año 5000 a.C. en la costa de Veracruz, en México, y en la costa norte de Perú continuaron su progreso y unos cuatro milenios después se generarían allí las primeras grandes culturas indígenas en el territorio de la actual América Latina.

La primera cultura importante en el Nuevo Mundo fue la cultura olmeca, desarrollada hacia el año 1200 a. C. en la costa atlántica, que tenía su centro en Veracruz, y en Tabasco, al sur de México. Además de Veracruz y Tabasco, los olmecas fueron los primeros habitantes de Monte Albán, montaña de mediana altura donde se yergue actualmente la ciudad de Oaxaca, capital del estado del mismo nombre, y posiblemente ocuparon también Chiapas, Puebla y la meseta mexicana. Se estima que los olmecas llegaron a ser unas 350.000 personas, en total, lo que sin duda los califica como la sociedad más numerosa de su tiempo. Introdujeron la elaboración del jade y se adornaban con lujosos atuendos, confeccionados con plumas de colores encendidos, pero las obras por las que han ganado mayor reconocimiento son las gigantescas cabezas de La Venta, unas grandes estatuas monolíticas que se cuentan entre las esculturas más extraordinarias de los tiempos precolombinos. La cultura olmeca influyó en muchas otras culturas posteriores, particularmente en Centroamérica, sobre todo en lo que se refiere a sus tradiciones religiosas, nociones del tiempo y estilos artísticos.

Las colosales cabezas olmecas fueron esculpidas de grandes piedras de basalto extraídas de la Sierra de los Tuxtlas de Veracruz. Pesan entre 6 y 50 toneladas y algunas alcanzan una altura cercana a los 3 metros

Cuando la cultura olmeca se encontraba en pleno apogeo, hacia el año 900 a.C., surgió la cultura chavín, en las alturas del norte del Perú. Se distinguían en ella dos clases bien diferenciadas: la casta sacerdotal, la clase dominante, y el pueblo, la clase dominada. Desarrollaron notablemente la agricultura, la ganadería, la pesca y el comercio con base en el trueque. Los artesanos de esa cultura destacaron por sus trabajos empleando el oro, la plata y el cobre. También elaboraban vestidos utilizando el algodón y la lana y crearon una cerámica extraordinaria. Muchos investigadores han encontrado semejanzas entre la cultura olmeca y la cultura chavín.

Tenemos entonces que, desde hace unos 3.000 años, existían ya varias culturas importantes en los actuales territorios de México y Perú. Estos dos territorios seguirían siendo los centros más importantes de lo que es hoy la América Latina, prácticamente hasta la guerra de independencia de las colonias hispanoamericanas.

 Al comenzar nuestra era, sobre todo a partir del año 300, aproximadamente, se incrementó el desarrollo cultural en México y Perú, que culminaría en las grandes civilizaciones de los aztecas y de los incas, respectivamente. En paralelo se desarrolló la gran cultura maya, pero esta la trataremos por separado.

Desde épocas antiguas, posiblemente desde hace 5.000 años, algunos pueblos se fueron asentando a orillas del lago Texcoco, donde luego surgiría la que es hoy Ciudad de México, aunque desde aproximadamente el año 800 a. C., cuando comenzó a declinar la cultura olmeca, hay más evidencias de actividad humana en ese lugar. Las primeras viviendas eran chozas cubiertas de paja, pero luego realizaron construcciones de piedra. Mucho tiempo después de esos primeros asentamientos, hacia el año 300 de nuestra era, los indios que vivían allí terminaron la construcción de la ciudad religiosa de Teotihuacán, "lugar donde se hacen los dioses", que probablemente habían iniciado dos o tres siglos antes. En el sitio de Teotihuacán todavía se aprecian las dos grandes pirámides, la del Sol (de 60 metros de altura) y la de la Luna. A diferencia de las de Egipto, mucho más antiguas, la pirámide mexicana es siempre truncada. Constituye en suma un terraplén que sostiene un templo, aunque se conocen muchos casos en los que la pirámide recubre una tumba.

Las pirámides de Teotihuacán, la del Sol y la de la Luna, localizadas a unos 50 kilómetros al noreste de la actual Ciudad de México, constituyen unos de los monumentos históricos más importantes de México

Se cree que Teotihuacán llegó a tener más de 150.000 habitantes, lo cual fue posible gracias a una organización política y social bastante compleja. La escultura alcanzó un alto grado de perfeccionamiento: máscaras funerarias de piedras diversas (alabastro, calcedonia, diorita, pórfido), de rasgos realistas y bien proporcionados, notables por su fuerza expresiva. Además de arquitectos y escultores, los teotihuacanos eran pintores de suma habilidad que descollaban con el fresco. Sus temas predilectos fueron la observación de la naturaleza, la confección de tortillas o tortas de maíz, los jaguares y el surrealismo. Muchas de sus figuras y frescos representaban al dios Tláloc, el dios de la lluvia, y a la serpiente emplumada, que se volverán a encontrar más tarde en otras regiones de México. Teotihuacán colapsó alrededor del año 700. No se sabe con certeza si eso se debió a disputas internas o a la invasión de otros pueblos y también se piensa que puede haber influido una fuerte sequía que ocurrió a mediados del siglo VI.

Mientras tanto, en otra área de México, al norte de Veracruz, la cultura totonaca floreció entre los siglos V y XI, teniendo por centro a El Tajín. La pirámide de El Tajín es una de las construcciones más características de todo México. Sus cuatro lados están perforados por nichos, 365 en total, cada uno de los cuales corresponde a un día del año. Por otra parte, a fines del siglo VI llegaron los zapotecas a Monte Albán (Oaxaca), construyendo grandes edificios sobre terrazas que le dan al lugar su imponente carácter.

La pirámide de El Tajín también es conocida como pirámide de Papantla, pirámide de las Historias de los Siete y pirámide o templo de los Nichos. Se cree que para los totonacas esta pirámide era un marcador astronómico, con importancia para la agricultura y la religión

A comienzos del siglo X, mucho tiempo después de la caída de Teotihuacán, el territorio de los teotihuacanos fue ocupado por los toltecas, que hablaban el náhuatl. El jefe y fundador de la primera dinastía tolteca, Mixcoatl, fue asesinado entre 935 y 947 por un usurpador, de nombre Ihuitimal. Un hijo de Mixcoatl recuperaría luego el trono. La capital de los toltecas fue Tula o Tollan- Xicocotitlan, situada a unos 80 kilómetros de la actual Ciudad de México, la cual, a juzgar por sus ruinas y las gigantescas figuras que subsisten, fue una metrópoli impresionante. Aunque no llegó a ser tan grande como Teotihuacán, al comenzar el segundo milenio de nuestra era Tula destacaba como la ciudad más grande de lo que luego sería la América Latina. La pirámide principal comprende un templo consagrado a Quetzalcóatl, el sacerdote dios, serpiente emplumada o serpiente preciosa. Las pinturas del templo representan, además de Quetzalcóatl, a guerreros y animales (águilas, zopilotes, coyotes, jaguares y serpientes). Tula contaba con dos estadios dedicados al juego de pelota. El partido se disputaba entre dos equipos; los jugadores movían una pelota de caucho, con las caderas y los pies, tratando de hacerla pasar por unos anillos. Otro centro tolteca parece haber sido Xochicalco. A los toltecas se debe el calendario y los signos gráficos con los cuales registraban las fechas. El proceso de declinación de Tula se inició a mediados del siglo XII y el colapso político del Estado tolteca debe haber ocurrido alrededor del año 1300.

Tula, la capital de los toltecas, situada a unos 80 kilómetros de la actual Ciudad de México, era la ciudad más grande de América al comenzar el segundo milenio de nuestra era

Mientras ocurría el ocaso de Teotihuacán, en el valle de México, los pueblos mochicas construyeron en Moche, en el norte de Perú, la Huaca del Sol y la Huaca de la Luna. La primera constituye el edificio mayor y uno de los más importantes de la costa peruana. Se trata de una pirámide de 23 metros de altura. También construyeron los primeros acueductos y canales de riego en América Latina. Elaboraron muchas vasijas decoradas, verdaderas obras de arte. Más al sur, en el valle de Nazca, desarrollaron, entre el año 500 y el año 1000, una alfarería y unos tejidos de calidad inigualable hasta entonces. Felinos y pájaros son algunos de los principales motivos de telas de algodón, lana de llama o vicuña, bordados y tapicerías. Ademas, emplearon el oro, trepanaron cráneos, embalsamaron momias y construyeron tumbas. Cerca de la ciudad de Nazca se encuentra uno de los complejos arqueológicos más fascinantes de América, caracterizado por enormes figuras de animales, realizadas mediante surcos en el terreno, para lo cual se supone que los indios locales emplearon maquetas, sogas y otros elementos, con asombrosos resultados. En Tiahuanaco, un centro religioso en

19

Bolivia, al sur del lago Titicaca, construyeron cuatro grupos de edificios, destacando la famosa Puerta del Sol.

Los chimúes sucedieron a los mochicas, hacia el año 1200. Desarrollaron una gran pompa cortesana alrededor del jefe o rey. El centro de su imperio, Chanchan, algunos kilómetros del norte de Moche, fue una considerable metrópoli en la cual ciertos edificios estaban decorados con motivos geométricos esculpidos. Estaba completamente edificada con adobe, de suerte que las lluvias, a pesar de ser escasas en la región, la han destruido en gran parte. Castigaban severamente todo tipo de delitos. Veneraron a determinadas piedras y destacaron en la cerámica, la cual respetaba las tradiciones mochicas, y en la metalurgia, empleando metales preciosos.

LA GRAN CULTURA MAYA TAMBIÉN TUVO UN ORIGEN MUY ANTIGUO, PERO SE EXTINGUIÓ ANTES DE QUE LLEGARAN LOS ESPAÑOLES

Los predecesores de los mayas realizaron, alrededor del año 350 a. C., las primeras construcciones de piedra, terrazas y pirámides, en Uaxactún, en el actual territorio de Guatemala, y en Yucatán, hoy México, y desarrollaron la cerámica de Chicanel.

Hacia el año 300, coincidiendo con la fundación de Teotihuacán, comenzó la historia maya, posiblemente en Tikal (Guatemala). Se inició así el llamado antiguo imperio maya, que se prolongaría hasta el año 987. Los mayas, que algunos llamarían luego los griegos del Nuevo Mundo, por el alto grado de desarrollo cultural que alcanzaron, ocuparon los actuales estados de Yucatán, Campeche, Tabasco, una parte de Chiapas y el territorio de Quintana Roo en México, Guatemala en casi toda su extensión, la sección occidental de Honduras y toda Belice; en conjunto, alrededor de 325.000 kilómetros cuadrados. Los grandes centros poblados del antiguo imperio fueron Tikal, Copán, Quiriguá, Palenque, Yaxchilán, Uaxactún y Piedras Negras. Es sorprendente como los mayas lograron explotar intensamente selvas extremadamente inhóspitas, superando extraordinarios retos ecológicos para crear una agricultura muy sofisticada y productiva que fue la base de su desarrollo.

El antiguo imperio maya se derrumbó a fines del siglo X, posiblemente por el agotamiento del suelo en las tierras que habitaban, aunque pueden haber influido guerras internas, epidemias e invasiones por otras tribus. Estos factores provocaron el desplazamiento de los mayas hacia el norte de la península de Yucatán, donde crearían el nuevo imperio.

El Castillo, o templo de Cuculcán, es una pirámide de 24 metros de altura, más 6 metros del templo, que domina el centro de Chichen Itzá

Al comenzar el segundo milenio de nuestra era, la tribu maya de los Itzá fundó la ciudad de Chichén Itzá, en un lugar ya ocupado desde el antiguo imperio, al norte de la península de Yucatán. Grupos distintos fundarían las ciudades de Mayapán e Ixmal. Las tres ciudades se confederaron formando la liga de Mayapán, la cual rigió al territorio durante más de 200 años (1000-1200). Estos dos siglos presenciaron un extraordinario florecimiento de todas las artes, probablemente con influencia tolteca. La liga se rompió a fines del siglo XII, cuando una guerra entre las ciudades resultó en la victoria de Mayapán. Luego, la desorganización política fue constante hasta la llegada de los españoles.

La civilización maya se extendió por lo que hoy es el sur de México, Guatemala, Belice y parte de Honduras

Los mayas estaban organizados en ciudades-estados (situación semejante a la de la antigua Grecia en la época de Atenas y Esparta) y en clases sociales. Las ciudades mayas tenían el hábito de erigir cada 20 años una estela o piedra conmemorativa (por ellas podemos reconstruir su historia). Su economía estaba basada fundamentalmente en la agricultura (maíz, algodón, henequén, cacao). Construyeron lagos y cisternas para defenderse de la escasez de agua. Los mayas no superaron a los aztecas en organización social, pero lograron una civilización de mucho mayor refinamiento y esplendor. Alcanzaron un extraordinario desarrollo de la aritmética y la astronomía. Inventaron el cero. Su calendario era más exacto que el que por entonces se empleaba en Europa. Desarrollaron un sistema de escritura, con base en jeroglíficos. Realizaron notables obras de arte, templos y palacios. Dada la superior calidad de los materiales de construcción, el estado de conservación de sus edificios es mejor que en el centro de México. Practicaron el juego de pelota. Organizaron obras teatrales, de tipo cómico, y desarrollaron numerosos mitos y leyendas. Muchos eran sodomitas. Se adornaban horadándose las orejas, las narices o la boca y poniéndose en ellas ruedas de piedra. Usaban mantas como vestidos. Criaban gallinas y se alimentaban de ellas, así como de la caza y la pesca. Algunas de sus casas eran de cal y canto (piedra) y muy grandes, con varios aposentos, patios, pozos y albercas de agua. Cuculcán era su dios supremo, equiparado con el Sol. Practicaban sacrificios ante sus ídolos.

LOS IMPERIOS DE LOS AZTECAS Y DE LOS INCAS SE FORMARON POCO ANTES DE LA LLEGADA DE LOS ESPAÑOLES

Quizás algunas personas creen que los imperios de los aztecas y de los incas eran muy antiguos cuando llegaron los españoles a América, pero la realidad es que estaban apenas comenzando. A pesar de que sus pueblos y su cultura tenían raíces antiguas, el imperio azteca tenía menos de 70 años de existencia cuando Cristóbal Colón tocó tierra en las Bahamas y el imperio inca ni siquiera llegaba a los 50.

Los tenohcas, una de las tribus aztecas o mexicas, procedentes del norte de México, penetraron en la zona central a comienzos del siglo XIII, guiados por la profecía de su dios tutelar Huitzilopochtli, deteniéndose en Tula, Zumpango y Chapultepec, hasta fundar, entre 1325 y 1345, en una isla del lago de Texcoco, la ciudad de Tenochtitlán ("la casa del dios de la guerra"), actual Ciudad de México, que se convirtió en su capital. Los tenohcas eran guerreros extraordinariamente audaces en la lucha cuerpo a cuerpo, armados de mazas de madera, con incrustaciones laterales de hojitas de obsidiana, y de escudos redondos para la defensa.

Tenochtitlán, localizada en el lago de Texcoco, en el valle de México, fue la capital de los aztecas y la ciudad más grande de la América precolombina

En 1428 los aztecas, bajo la dirección de Itzcoal y con base en la alianza de las ciudades de Tenochtitlán, Texcoco y Tlacopan, se lanzaron a una guerra de conquista que amplió considerablemente sus dominios. En menos de 50 años conquistaron casi toda la región central de México, de costa a costa. Establecieron una monarquía hereditaria, presidida por un jefe supremo militar, el tlacatecuhtli (jefe de los hombres). Impusieron un rígido sistema de justicia, con penas severas para los infractores. Su organización social, divididos en familias y clanes, respondía a un sistema de clases, encabezado por los nobles (sacerdotes, familiares del jefe supremo y guerreros distinguidos), por encima del pueblo (cultivadores y artesanos) y, por último, de los servidores o esclavos. Desarrollaron un estricto sistema educativo, regularon el matrimonio y el divorcio, fomentaron la agricultura (además de maíz, tomate, algodón y otras plantas, cultivaron el tabaco y el cacao, del cual derivaban el chocolatl o chocolate), realizaron el comercio con base en el trueque (desconocían la moneda) y cultivaron la escultura, la pintura, la cerámica, la música y las artes decorativas. De los toltecas y los mayas aprendieron a desarrollar un preciso calendario solar. Criaban pocos animales y comían pavos, perdices, patos y ocas salvajes. Tomaban una bebida embriagadora, el pulque, obtenida por fermentación del maguey, que todavía se consume en México. La religión era la fuerza dominante en sus vidas. Creían que el Sol sentía hambre y sed, que sólo se saciaban con la sangre de los enemigos, por lo cual los apresaban y los sacrificaban casi a diario.

23

Alberto Silva Aristeguieta

El Imperio Azteca, con su capital en Tenochtitlán, abarcó toda la región central de lo que es hoy México, desde el Océano Pacifico hasta el Golfo de México

El Imperio Inca abarcó gran parte de Ecuador, Perú y el norte de Chile

En Perú, los incas (hijos del Sol) entraron en escena a mediados del siglo XIII, pero sus verdaderas conquistas militares no comenzaron sino alrededor de 1445 con la ocupación de Tiahuanaco y la región del lago Titicaca. Las otras conquistas, desde el sur de Colombia hasta el norte y centro de Chile, tuvieron lugar después de 1470. El Inca era simultáneamente el jefe civil, religioso y militar del Estado. Su supremacía se apoyaba en el culto al Sol, a quien encarnaba en la Tierra. El Cuzco (a 3000 metros de altura) era el centro del imperio y la residencia del Inca, con una capital secundaria en Quito. Los incas expandieron sus dominios utilizando la persuasión y si ésta fallaba invadían por la fuerza. Crearon un Estado fuertemente centralizado, el Tahuantinsuyo ("todo el mundo"). Construyeron un sistema de carreteras e inventaron las postas, se organizaron en clases sociales, establecieron un sistema socialista de trabajo, desarrollaron sistemas de riego intensivo, impusieron tributos a sus provincias, crearon un servicio de empleados públicos mantenidos por el Estado, organizaron un ejército, desarrollaron armas de guerra (arcos, flechas, propulsores, hachas de bronce, mazas de madera, bronce o piedra, cascos, tahalíes), trasladaban las gentes de un lugar a otro del imperio según conviniese, practicaron el trueque y construyeron grandes monumentos de piedra en el Cuzco, destacando los de Machu Picchu.

Cuzco, situada en el sureste de Perú, a 3.400 metros de altura, fue la capital principal de los incas. En Quito tuvieron una capital secundaria

Los incas celebraban ceremonias religiosas mensuales. Su héroe civilizador, Viracocha, recuerda bastante al Quetzalcóatl mexicano. Al igual que los aztecas y mayas, desconocían la rueda y el caballo; pero disponían de un animal de carga, la llama. Masticaban hojas de coca y preparaban la chicha, bebida embriagadora basada en maíz. Sus artes plásticas eran más bien pobres, pero realizaban numerosas representaciones teatrales, escenificadas con motivo de las fiestas del Sol, o como actos conmemorativos de proezas y heroísmos, entre ellas sobresale "Ollantay", drama que presenta las aventuras de Ollantay, oficial del ejército del Inca Pachacútec, quien ama a la hija del monarca, Cusi-Coyllur, un amor prohibido para él. Ollantay, rechazado por el Inca, moviliza una rebelión de su pueblo, los antis. En medio de la guerra, nace una hija de Ollantay y Cusi-Coyllur. Al final, los antis son vencidos, pero existen dos versiones, una feliz y la otra trágica, de la suerte de Ollantay y su amada.

Alberto Silva Aristeguieta

Macchu Picchu, situada en la región de Cuzco, a 2.340 metros sobre el nivel del mar, fue construida por los incas en 1450 y es considerada una de las maravillas del mundo. Fue descubierta por exploradores alemanes a mediados del siglo XIX

VARIAS CULTURAS MENORES SE DESARROLLARON EN OTROS LUGARES

Al margen de las grandes culturas de los aztecas e incas, en el siglo XV existían varias culturas menores en el actual territorio de América Latina.

En México, estaban la cultura huasteca, en la región centro- norte, las culturas de Colima y Nayarit, en el noroeste, y la cultura mixteca, en Oaxaca, al sur. Los huastecos, que fueron invadidos por los aztecas, desarrollaron una cultura alfarera excelente, que todavía subsiste. De las culturas de Colima y Nayarit, dos estados mexicanos actuales, se tiene menos información, pero se sabe que eran pueblos agricultores, con base en el riego. La cultura mixteca era muy antigua y mediante varias alianzas políticas extendieron sus dominios de Oaxaca a los estados actuales de Puebla y Guerrero; una de sus principales características fue una vestimenta muy variada, que todavía se fabrica.

Los arahuacos fueron una de las familias más extendidas de América del Sur y habitaron una amplia zona que incluía las islas del Caribe y varias regiones de Venezuela, Brasil, Perú e incluso de Bolivia y Paraguay. A la llegada de los conquistadores españoles, los arahuacos seguían viviendo pacíficamente en algunos lugares de Venezuela y de la región amazónica, pero estaban sufriendo la invasión de los caribes y de otras etnias en el Caribe y el resto del sur de América, respectivamente. Los arahuacos lograron desarrollar, sobre todo en las islas del Caribe, una estructura política y social bastante compleja, gobernada por una casta de jefes hereditarios en la que la sucesión se establecía por línea materna. A la llegada de Colón, a fines del siglo XV, los caribes habían desplazado a los arahuacos de las islas del Caribe y del noreste de Venezuela, ocupando también el norte de Colombia. A los caribes se les veía como un pueblo belicoso y salvaje que practicaba la antropofagia. Los caribes se agrupaban en clanes familiares gobernados por caciques, que a diferencia de los arahuacos transmitían su jefatura por línea paterna. En la Amazonia, además de los arahuacos vivían los yanomamis, los kayapo, los wajapi y muchos otros pueblos indígenas, que lograron desarrollar un conocimiento detallado del bosque tropical para poder subsistir en él y todavía permanecen allí, aunque cada vez más restringidos por el avance de la civilización moderna.

Los muiscas o chibchas han habitado el altiplano de Cundinamarca y Boyacá y el sur del departamento de Santander, en Colombia, desde aproximadamente hace 2.500 años hasta la actualidad. El tejido, la orfebrería y la producción de sal han sido las actividades más importantes de este pueblo. También desarrollaron la agricultura, cultivando sobre todo la papa, el maíz y la quinua; como no conocían el hierro, labraban la tierra con instrumentos de piedra o de madera en tiempo de lluvias. Hacia 1450 los muiscas se organizaron en una confederación, conformada por dos grandes unidades políticas: el Zipazgo, cuyo soberano era el Zipa; y el Zacazgo, cuyo soberano era el Zaque. Aunque mantenían constantes rivalidades por el control del territorio, ambos soberanos tenían relación política y comercial estrecha, dada la hermandad étnica y cultural entre los dos grupos.

Los guaraníes ocupaban en el siglo XV una amplia región que incluía el actual Paraguay y varias zonas del sur de Brasil, de Uruguay y del norte de Argentina. Algunos investigadores creen que eran descendientes de los chibchas y migraron hacia el sur en busca de nuevas tierras aptas para el cultivo, así como por su religión que los impulsaba al nomadismo.

En el noroeste de Argentina y el norte de Chile vivían los diaguitas, que eran diestros alfareros y vivían en pequeñas aldeas, cada una de ellas independiente de la otra y gobernada por un jefe. Los diaguitas fueron conquistados por los incas entre 1470 y 1480. En el sur de Chile estaban los araucanos o mapuches. Los que vivían más al norte fueron sometidos por los incas, pero los que vivían al

27

sur del rio Maule no pudieron ser dominados. Los tejidos, elaborados por las mujeres, eran una de las bases más importantes de la actividad económica de los araucanos. Su organización y estructura social estaba basada principalmente en la familia, conformada por el padre, sus mujeres y sus hijos. La línea de parentesco más fuerte era la materna

LOS MITOS SON UNA DE LAS CARACTERÍSTICAS MÁS IMPORTANTES DE LAS CULTURAS INDÍGENAS AMERICANAS

A pesar de la gran diversidad de las culturas indígenas precolombinas, compartían una visión religiosa de ligazón del mundo espiritual con el mundo tangible, que los indujo a crear una serie de mitos muy interesantes.

Las culturas primitivas se enfrentaban a la incertidumbre a través de diálogos rituales con los dioses y con las fuerzas invisibles de la naturaleza. El hábito del dualismo es antiguo, representado en la lucha cotidiana del Sol y la Luna, del día y la noche. En las mitologías indígenas vivían en permanente combate las fuerzas que podemos llamar conservadoras de la vida y creadoras de la cultura, con las fuerzas de destrucción. En el mundo mexicano, por ejemplo, está la simbólica lucha entre Quetzalcóatl, héroe benéfico que enseñó a los hombres la agricultura y las industrias del artesano, y Tezcatlipoca, el dios nocturno, embutido en una piel de tigre, que protege a los hechiceros y los malvados. Los pueblos indígenas concebían la historia como fatalidad y catástrofe. Ninguna idea más ajena a la mentalidad india que la idea occidental del progreso. Acaso ese mismo sentimiento de la fatalidad inexorable da a las culturas indígenas su estoicismo, su resistencia al dolor. La tristeza india es uno de los rasgos sicológicos del aborigen que más tempranamente impresionaron al español.

Dioses con formas de animales, falsos dioses, dioses disfrazados con pieles de tigre, gigantes que se alimentaban de bellotas silvestres, hombres de madera, hombres que se convirtieron en monos, serpientes de fuego, murciélagos de la muerte, colas de iguana, bejucos vivos, intestinos de cerdos, muchachos vestidos como pájaros y otros como mariposas, aparecen en los mitos, leyendas y rituales que revelan el espíritu indígena. Su mitología revistió gran complejidad y sus divinidades son innumerables; además de los creadores y de los grandes dioses, las hay para las estrellas, para la tierra, la muerte, la fertilidad, la lluvia, el agua, el fuego, los alimentos, los animales, y decenas más. Concebían la historia dividida en etapas o edades, generalmente terminadas por grandes desastres, que iban desde el origen de las cosas y de los hombres hasta el fin del mundo.

CAPÍTULO 3. DE LO QUE PASÓ CUANDO ESPAÑOLES Y PORTUGUESES SE ENCONTRARON CON EL NUEVO MUNDO

"Señor, porque sé que habréis placer de la gran victoria que Nuestro Señor me ha dado en mi viaje, vos escribo ésta, por la cual sabréis como en 33 días pasé de las islas de Canaria a las Indias con la armada que los ilustrísimos rey y reina nuestros señores me dieron, donde yo hallé muy muchas islas pobladas con gente sin número; y de ellas todas he tomado posesión por Sus Altezas con pregón y bandera real extendida, y no me fue contradicho"

Carta anunciando el descubrimiento
Cristóbal Colón

LOS ESPAÑOLES DESCUBRIERON AMÉRICA SIN SABER ADONDE HABÍAN LLEGADO

A finales del siglo XV, en la península ibérica se soñaba con encontrar una nueva ruta para comerciar con Asia y se pensaba que navegando hacia el oeste podrían lograrlo. La hazaña se creía posible, pues ya contaban con la brújula y con embarcaciones más seguras. Cristóbal Colón, navegante de origen incierto, probablemente genovés, convenció a los Reyes Católicos de España, Fernando e Isabel, para que financiasen su expedición. Tras poco más de dos meses de navegación y muchas vicisitudes en la travesía, Colón llegó con sus hombres, el 12 de octubre de 1492, a una isla del archipiélago de las Bahamas, al noreste de Cuba, a la que pusieron San Salvador (las indígenas la llamaban Guanahaní o isla de las iguanas). Creyendo que había llegado a la India, llamó indios a los nativos que encontró.

Cristóbal Colón (1450/1451- 1506) fue el primer explorador europeo en llegar a lo que es hoy la América Latina

Luego de visitar otras islas de las Bahamas y recorrer la costa norte de Cuba y de La Española (Haití y Santo Domingo), Colón regresó a España, no sin antes fundar La Navidad, en La Española, el primer asentamiento de europeos en el Nuevo

Mundo. En otros tres viajes, realizados entre 1493 y 1502, Colón completó su reconocimiento del área del Caribe. En 1498, en su tercer viaje, realizó el primer contacto con tierra firme americana, en las costas orientales de Venezuela.

Al regresar Colón e informar sobre los resultados de su primer viaje y anunciar la existencia de grandes riquezas, se inició una disputa entre los reinos cristianos de España y Portugal por las tierras del Nuevo Mundo. Para resolver el conflicto, el Papa Alejandro VI, por bula de 1493, otorgó a la corona española las tierras situadas al oeste de una línea imaginaria, que pasaba a 100 leguas al occidente de las islas Azores, y a la corona portuguesa las tierras situadas al este de dicha línea. No conforme con ese fallo, Portugal logró negociar con España el tratado de Tordesillas en 1494, desplazando la línea divisoria hasta 370 leguas al oeste de las Azores. Con ese acuerdo, se dividió la América Latina, que entonces se llamaba las Indias, en lo que son hoy Brasil e Hispanoamérica, aunque el límite inicial entre ambos se modificaría con el correr de los tiempos.

EL ENCUENTRO ENTRE ESPAÑOLES E INDÍGENAS CAUSÓ GRAN ASOMBRO A AMBOS

Aunque las teorías de contactos a través del Atlántico o del Pacífico, antes de la llegada de Colón, nunca han logrado total apoyo científico, algunos investigadores creen haber encontrado importantes semejanzas entre sistemas agrícolas, elementos arquitectónicos, prácticas religiosas y otros aspectos culturales de mayas y aztecas, por una parte, y de los hindúes, por la otra, además de otras similitudes como la de la alfarería de la costa del Ecuador y la de la isla de Honshu, en Japón, cuatro mil años antes de las grandes culturas precolombinas. Lo que sí parece cierto es que esos encuentros, de existir, no influyeron sustancialmente en el proceso histórico de los pueblos americanos.

Es muy probable que los indígenas americanos se interrogaran muchas veces sobre la posibilidad de existencia de otros hombres más allá de los mares, y hasta es posible que antes de Cristóbal Colón se hubiesen producido contactos fortuitos con gente de otros continentes y que esperasen el regreso de esos extranjeros, pero la llegada de los conquistadores españoles, desde fines del siglo XV, debe haberlos sorprendido casi tanto como nos asombraríamos los hombres contemporáneos si repentinamente fuésemos invadidos por seres extraterrestres. Su mundo sería alterado radicalmente, pero también cambiaría el mundo del europeo.

Los españoles también se sorprendieron mucho al encontrarse con seres que ni siquiera sospechaban que existiesen, que pensaban y se comportaban de manera muy distinta. Hasta les tomó algún tiempo decidir que eran realmente seres humanos como ellos. Cuando comenzaron a conocerlos un poco más se maravillaron de sus sofisticados sistemas de riego y agricultura, su compleja organización social y cultural, sus grandes conocimientos de astronomía y sus religiones altamente desarrolladas; pero, a pesar de eso, muchos españoles los continuaron calificando como salvajes e ignorantes.

LOS ESPAÑOLES COMENZARON MUY PRONTO A EXPLORAR EL TERRITORIO QUE HABÍAN DESCUBIERTO

Tan pronto se supo del descubrimiento realizado por Colón, los españoles comenzaron a explorar las Indias, con el propósito principal de tratar de encontrar en ellas riquezas que pudiesen aprovechar. Los portugueses se desanimaron muy pronto, pues Pedro Álvarez de Cabral, al explorar en 1500 lo que hoy es Brasil, no encontró nada de valor. La única riqueza explotable que encontraron los primeros exploradores portugueses fue la madera para tinte del palo de Campeche, o palo de Brasil, árbol que dio su nombre al país. Los portugueses prefirieron entonces concentrar su atención en sus ricas colonias en Asia y África, delegando en particulares la mayor responsabilidad de la colonización inicial de Brasil.

Apenas tres años después del tercer viaje de Colón, la actividad exploratoria española era tan intensa y las perspectivas económicas lucían tan favorables que la Corona decidió en 1501 crear la Casa de Contratación, en Sevilla, para que se ocupase de todo lo relacionado con el comercio con las Indias y ejerciera además funciones de tribunal de comercio. Para desarrollar su monopolio comercial, la Casa de Contratación formó una escuela de pilotos, quienes debían presentar un examen ante un piloto mayor para poder navegar a las Indias. Juan de la Cosa, piloto de la "Santa María", la embarcación principal del primer viaje de Colón, fue uno de los pilotos mayores más conocidos.

La exploración y la cartografía permitieron a los europeos darse cuenta de que lo se había descubierto no era la India ni ningún otro lugar de Asia sino un territorio intermedio nuevo. Se utilizó entonces la denominación de las Indias Occidentales, para distinguirlas de las "Indias Orientales". Aunque el nombre oficial de las nuevas tierras siguió siendo el de las Indias Occidentales, o simplemente las Indias, por lo menos hasta fines del siglo XVII, en 1507 un grupo de cartógrafos europeos le dieron el nombre de América, derivado del de Américo Vespucio, florentino, sabio en náutica, cosmografía y astronomía, además de culto humanista, que participó en un viaje de exploración y descubrimiento entre 1501 y 1502, publicando luego una célebre carta llamada "Mundus Novus" (1503).

El nuevo continente fue denominado América por un grupo de cartógrafos europeos, en reconocimiento a la labor de Américo Vespucio o Amerigo Vespucci (1454- 1512), quien fue el primero en demostrar que se trataba de un territorio distinto de Asia

Las exploraciones siguieron siendo frecuentes después de la creación de la Casa de Contratación. En 1513 se exploró la península de Florida, en los actuales Estados Unidos, y en ese mismo año se produjo un hecho de singular importancia. Vasco Núñez de Balboa cruzó el istmo de Panamá y descubrió el océano Pacífico. A fines de 1519, Hernando de Magallanes, un navegante portugués al servicio de la corona española, recorrió la costa este de Suramérica hasta doblar hacia el océano Pacífico, en el estrecho que ahora lleva su nombre. Magallanes cruzó el Pacífico hasta llegar a Filipinas, donde pereció en un combate con los naturales. Juan Sebastián Elcano completaría la circunvalación de la tierra, regresando a la península ibérica a fines de 1522, luego de tres años de aventuras.

Alberto Silva Aristeguieta

LOS PRIMEROS ASENTAMIENTOS SE ESTABLECIERON EN ISLAS DEL CARIBE

Apenas comenzó la exploración de las Indias Occidentales, los españoles se dieron cuenta de la necesidad de crear asentamientos permanentes que sirviesen de base para las operaciones y de sede para las primeras instituciones de gobierno local, así como de lugar de residencia para los exploradores y sus familias, que ya comenzaban a considerarse como conquistadores. Los primeros asentamientos se crearon en algunas islas del Mar Caribe: Santo Domingo (1494), San Juan de Puerto Rico (1508) y La Habana (1515). En Santo Domingo se creó la primera Real Audiencia (1511), organismo encargado de la justicia.

Edificio donde se encontraba la Real Audiencia de Santo Domingo. Este fue el primer tribunal de la Corona española en América

Las necesidades de mano de obra para la construcción de las nuevas ciudades y para la alimentación de la población se resolvieron utilizando a los indios para realizar estas labores. Los conquistadores españoles, en general, no tenían mucho respeto por los indios, les dieron un trato muy duro, prácticamente el de esclavos, y hasta abusaban de sus mujeres por las buenas o por las malas. El maltrato infligido a los indios se generalizó de tal manera que varios sacerdotes que habían ido para tratar de convertirlos al cristianismo, entre ellos Bartolomé de Las Casas, protestaron con firmeza ante la Corona, obligando a moderar en cierta medida los atropellos.

EN MUY POCO TIEMPO SE LOGRÓ LA CONQUISTA DE MÉXICO

Al comenzar el reinado de Carlos V en España (1517-1556), se intensificó el esfuerzo por conquistar todos los territorios que le había concedido la bula papal de 1493. En 1519 se creó el Consejo de Indias, organismo que ejercería el gobierno político y administrativo de los territorios coloniales de España y ese mismo año se produjo la primera acción de importancia, la expedición a México, encabezada por Hernán Cortés.

Los españoles dirigidos por Hernán Cortés, luego de pasar por la isla de Cozumel y la costa de Tabasco, desembarcaron en el actual puerto de Veracruz y se dirigieron hacia la meseta, después de quemar sus naves en señal de decisión irreversible, guiados por la ambición de apoderarse de los tesoros aztecas de los cuales tuvieron noticia. En mitad de camino, los acogieron los habitantes de Tlaxcala, que estaban en guerra con los tenohcas y se mostraron enteramente dispuestos a conducir a los extranjeros hasta las puertas de Tenochtitlán.

Hernán Cortés (1485- 1547) fue el conquistador español que condujo la expedición que conquistó el imperio azteca y permitió incorporar gran parte de México al reino de España

Para su sorpresa, Cortés fue recibido como una especie de dios por el jefe azteca Moctezuma II, confundido por un mito tolteca que hablaba de un dios civilizador blanco, personificación de Quetzalcóatl, que había desaparecido por el oeste y debía regresar por el este. Los españoles se maravillaron con el tamaño de la ciudad (su población se ha estimado en más de 80.000 habitantes), sus sistemas de islas y canales, sus dos acueductos, sus muchas plazas y mercados y todo género de mercaderías, con zonas de venta separadas para cada una de ellas, las casas de boticarios y de barberos, las casas donde daban de comer y beber por un precio. El jardín de Moctezuma fue el primer zoológico que los españoles conocieron. Sin embargo, no tardaron en producirse los enfrentamientos, con importantes reveses para los españoles en los primeros encuentros, hasta que en 1521 Cortés logró apoderarse de Tenochtitlán, gracias a las armas de fuego, los caballos, los perros de guerra y las alianzas con las tribus enemigas de los aztecas. La Malinche, una esclava de lengua maya capturada en Tabasco, famosa amante de Cortés, que le sirvió de intérprete entre los caudillos mexicanos, también facilitó su victoria. En la victoria de los españoles también influyó que el imperio azteca todavía no estaba bien consolidado, aparte de ser demasiado extenso, constituido por una población heterogénea y con una cohesión débil entre sus clases dirigentes. El último jefe de los tenohcas, Cuauhtémoc, trató de organizar la resistencia contra los invasores, pero fue hecho prisionero y murió ahorcado por órdenes de Cortés.

Desde 1521 se comenzó a construir la Ciudad de México, sobre el mismo sitio de Tenochtitlán. En 1522, Carlos V nombró a Cortés gobernador y Capitán General de la llamada Nueva España, con sede en México. Cortés despachó expediciones hacia el norte y hacia el sur. La conquista de Centroamérica se completó en 1524, bajo el mando de Pedro de Alvarado. Hacia el norte los españoles llevaron a cabo la exploración de casi todo el actual territorio del Oeste de los Estados Unidos, pero en el siglo XVI no fundaron allí ninguna ciudad importante.

Es asombroso todo lo que lograron los españoles en los 30 años siguientes al primer viaje de Colón: regularon el comercio con las Indias, crearon una escuela de pilotos, recorrieron las costas de toda la inmensa región, fundaron tres ciudades en las islas del Caribe, establecieron el primer órgano de justicia y un organismo de gobierno político y administrativo de los territorios coloniales, conquistaron México e iniciaron la construcción de la Ciudad de México y la conquista del resto de los territorios. Sin duda, España vivía un buen momento de su historia y su gobierno demostró una buena capacidad de organización y de respuesta a los nuevos desafíos, aunque muchas veces, como en el caso de Cortés, los logros se debieron más a la acción de algunos aventureros que a una iniciativa oficial.

EL PROCESO DE CONQUISTA SE DIRIGIÓ ENTONCES AL PERÚ

Aunque se realizaron algunos intentos antes de 1530 para conquistar la América del Sur, es a partir de esta fecha cuando no sólo los españoles sino también los portugueses comienzan realmente ese proceso. Portugal lo hizo de una manera relativamente pacifica, enviando los primeros colonos a Brasil, con animales, plantas y simientes, para establecer poblaciones permanentes, aunque también los franceses se establecieron en el sur del territorio. España, por el contrario, actuó con métodos más violentos, similares a los que se habían empleado en la conquista de México. Esta diferencia de comportamiento se debió en gran medida a que los españoles tuvieron que enfrentar la resistencia de los indígenas, dispuestos a defender sus posesiones, mientras que en Brasil no existió la misma oposición, pero también es cierto que la actitud de los españoles fue desde el comienzo una actitud de conquista y pillaje y no de colonización pacífica.

En 1532, una expedición española encabezada por Francisco Pizarro y Diego de Almagro desembarcó en las costas del actual territorio de Ecuador, procedentes de Panamá, y de allí se dirigieron a pie hacia el sur, interesados en las riquezas de los incas, de las cuales ya tenían noticia. Tal como había sucedido con Cortés al encontrarse con los aztecas, Pizarro fue bien recibido por los incas, pero pronto se apoderó del Cuzco, dando muerte primero al Inca Atahualpa y apropiándose luego de un enorme tesoro de oro y plata que éste había reunido para comprar su libertad. Factores similares a los que facilitaron la conquista del imperio azteca permitieron que los españoles pudiesen conquistar el imperio inca en breve tiempo, a pesar de su inferioridad numérica. Siguiendo la costumbre española de fundar ciudades, Pizarro fundó la ciudad de Lima en 1535, en un lugar ocupado por indígenas desde los primeros siglos de nuestra era, a orillas del río Rímac.

Francisco Pizarro (1471/1476- 1541) fue el conquistador español que condujo la expedición que logró dominar el imperio inca

La rivalidad entre Pizarro y Almagro no tardó en surgir. Estos dos caudillos aventureros se enfrentaron en 1538, resultando Almagro vencido y luego ejecutado por órdenes de Pizarro. Los seguidores de Almagro tomaron venganza en 1541, dando muerte a Pizarro, pero los hijos de ambos siguieron enfrentándose hasta que el joven Diego

Almagro resultó muerto en 1542. La corona española intervino entonces para tratar de poner fin a estos desordenes y sometió a Gonzalo, hijo de Francisco Pizarro, quien se había declarado en rebeldía. Gonzalo Pizarro fue ejecutado en 1548. Es decir, durante diez años el territorio del actual Perú estuvo sometido a violentos conflictos entre los mismos españoles, que se disputaban el control de los nuevos dominios.

Los incas, por su parte, también se declararon en rebeldía contra la corona española. Se retiraron hacia las montañas más altas, guiados por Manco Cápac, hasta la muerte en 1572 de su jefe Túpac Amaru.

Con la conquista de México y Perú, España logró dominar los dos centros indígenas más importantes de las Indias y estableció en cada uno de ellos un virreinato: el de México o Nueva España en 1535 y el del Perú en 1542. De esta manera, ambos países continuaron siendo los centros de poder y riqueza en la región, hasta mediados del siglo XVIII, cuando se establecerían nuevas divisiones. El virreinato de Nueva España, con sede en México, tuvo jurisdicción sobre toda Centroamérica y el Caribe y el oeste de los Estados Unidos. El virreinato del Perú controló toda la Suramérica española y parte de Brasil.

El Virreinato de Nueva España, con sede en Ciudad de México, abarcaba lo que hoy es México, Centroamérica, el Caribe y parte del sur y el oeste de los Estados Unidos, así como la península de Florida. El Virreinato del Perú, con sede en Lima, incluía el territorio de todos los países actuales de Suramérica y una parte de Brasil. En el siglo XVIII se crearon nuevos virreinatos y se redujo la extensión de estos dos virreinatos originales.

LA CONQUISTA PROSIGUIÓ LUEGO HACIA LOS OTROS PAÍSES DE SURAMÉRICA

Mientras los aventureros españoles se disputaban el poder en el Perú, otros conquistadores trataron de dominar el resto de los territorios de América del Sur. Pero esta conquista resultó mucho más difícil y prolongada pues, a diferencia de México y Perú, en el resto de la región los indígenas no habían llegado a constituir unidades políticas tan organizadas como las de los imperios azteca e inca y los conquistadores tuvieron que someter por separado a las distintas tribus antes de ocupar definitivamente esos territorios.

Con mucha tenacidad, los españoles fueron venciendo las resistencias y continuaron su tarea de seguir fundando ciudades para consolidar la ocupación de las tierras que iban conquistando. Fundaron entonces, entre otras ciudades importantes, a Buenos Aires (Pedro de Mendoza, 1536), Santafé de Bogotá (Gonzalo Jiménez de Quesada, 1538) y Santiago de Chile (Pedro de Valdivia, 1541). Pero la fundación de esas ciudades no significó el cese de las hostilidades por parte de los nativos. En casi todas partes los indios siguieron resistiéndose a entregar sus dominios a los españoles, sobre todo en el extremo sur del continente. Buenos Aires, por ejemplo, tuvo que ser evacuada en 1541, y no sería repoblada hasta 1580. En Chile, Valdivia, extremeño como Cortés y Pizarro, enfrentó una tenaz oposición de los araucanos, hasta que fue apresado y ejecutado por ellos en 1553. La lucha de los araucanos es el tema principal de un poema épico, "La Araucana", escrito por el oficial español Alonso de Ercilla.

En paralelo al proceso de conquista, los españoles continuaron su labor de organización política y establecieron Audiencias en Nueva Galicia (noroeste de México), México, Guatemala, Panamá, Bogotá y Lima. Las Audiencias eran órganos regionales de autoridad política y judicial, subordinadas a los Virreinatos que se habían creado, con el objeto de facilitar el gobierno de las nuevas posesiones.

En el proceso de conquista y colonización, los españoles respetaron en algunos casos los nombres indígenas de los lugares o inventaron otros nuevos, pero fue frecuente el uso de denominaciones españolas como Nueva Andalucía (este de

Venezuela), Nueva España (virreinato correspondiente al actual México), Nueva Extremadura (Chile), Nueva Galicia (noroeste de México), Nueva Granada (virreinato con sede en la actual Colombia) y Nueva Toledo (sur de Chile). También repitieron el nombre de ciudades españolas en varias ciudades que fundaron, entre ellas: Barcelona (Venezuela), Cartagena (Colombia), Córdoba (Argentina), Guadalajara (México), León (México), Mérida (México, Venezuela), Trujillo (Perú) y Valencia (Venezuela).

A pesar de todas las adversidades que confrontaron y de algunos focos de resistencia indígena que todavía persistían, a mediados del siglo XVI ya España había logrado un control razonable sobre lo que hoy es la América Latina y comenzó a conformar entonces, con mayor tranquilidad, la sociedad colonial, así como a explotar las riquezas de estos nuevos dominios. Pero si bien esto había sido un éxito para los españoles, para los indígenas resultó una gran catástrofe; no sólo perdieron la autoridad sobre sus territorios, sino que se desintegró su organización política y social y se modificaron sus costumbres, sometiéndose a una civilización más poderosa que la de ellos. Además, su población fue diezmada tanto por las guerras como por las enfermedades que les contagiaron los españoles y para las cuales no tenían defensas apropiadas, sobre todo la viruela y la sífilis.

LA SOCIEDAD COLONIAL COMENZÓ ENTONCES A ORGANIZARSE

Una vez dominada la resistencia indígena y conquistada la mayoría de los territorios, la sociedad colonial comenzó a organizarse, aunque en cierto modo los españoles venían conformándola desde principios del siglo XVI. Este proceso se desarrolló principalmente en tres aspectos: el gobierno, la evangelización y la economía.

En cuanto al gobierno colonial, España estableció en las colonias un sistema administrativo y político basado en el más completo absolutismo. Trasladó a ellas la totalidad de las instituciones concebidas por el derecho español desde la época de las Siete Partidas (Alfonso X, siglo XIII). El rey gobernaba en América a través de los virreyes, capitanes generales y presidentes y utilizaba el Consejo de las Indias para administrar los asuntos del reino en ese continente. Sin embargo, hubo también cierta descentralización; una de las primeras instituciones implantadas por los conquistadores fue la de los cabildos, órganos políticos locales idénticos a los que funcionaban en España y los únicos a los que tuvieron acceso los criollos. No pocos serían los conflictos entre los cabildos o ayuntamientos y los gobernadores.

Entre los virreyes más destacados del siglo XVI figuran Antonio de Mendoza y Pacheco y Martín Enríquez de Almanza; ambos fueron Virreyes de Nueva España (México) y luego de Perú. Francisco Álvarez de Toledo, Virrey de Perú entre 1569 y 1581, también es considerado como uno de los virreyes más importantes de ese siglo, debido a la organización que supo establecer en ese Virreinato, aunque se le acusó de ser un gran tirano de los indios.

Antonio de Mendoza y Pacheco (1490/1493-1552), primer virrey de la Nueva España, desde 1535 hasta 1550, y segundo del Perú, de 1551 a 1552. Logró que Hernán Cortés se subordinase a su mandato y lo apoyó en la exploración del norte de México y el suroeste de los actuales Estados Unidos. Dictó ordenanzas para dar buen trato a los nativos e inició las gestiones para crear la primera Universidad de México

La evangelización se hizo necesaria para buscar un motivo jurídico y religioso a la conquista, que ambicionaba el oro y la gloria, y para facilitar el establecimiento del orden en las nuevas colonias. Dominicos, franciscanos o frailes de otras órdenes, acompañaron a cada expedición. La corona española autorizó a las órdenes religiosas a que secundaran la colonización mediante una acción pacífica. Así se organizaron los pueblos de misiones. Los primeros misioneros se identificaron con los nativos y de cierto modo se reeducaron al contacto del indio para comprenderlo mejor, chocando contra los españoles dueños de las tierras.

La presencia institucional de la Iglesia comenzó a expandirse rápidamente después de la conquista de México y Perú. En 1580 ya había 22 diócesis en Hispanoamérica. Aparte de la misión evangelizadora, la Iglesia desempeñó un papel fundamental en el desarrollo de la cultura americana. Misioneros, como el famoso fraile Pedro de Gante en México, fundaron la enseñanza de artes y oficios en el Nuevo Mundo, formando los canteros y alarifes que levantaron los muros de las iglesias, carpinteros que trabajaron la madera, imagineros y pintores y hasta músicos y cantantes que alegraron las fiestas del culto. También ejerció la Iglesia una gran influencia en la vida social de los territorios coloniales. La educación, el cuidado de la salud y otros servicios sociales no eran responsabilidad de la monarquía española sino de la iglesia católica.

La economía colonial, desde el punto de vista de la corona española, se basó en la aplicación de impuestos por los derechos sobre las tierras y las actividades comerciales y en la explotación de las minas.

Al principio, el reparto de tierras era gratuito. Se otorgaban las encomiendas, las cuales incluían tierras y los indígenas que las habitaban, a quienes demostraran títulos y servicios prestados a la corona por ellos mismos o sus antecesores. Luego, ante la decisión de suprimir la esclavitud de los indios y las crecientes necesidades financieras en la península, se vendieron. Los derechos que los españoles podían tener sobre las tierras y los bienes que en ellas se hallaren eran merced del rey (mercedes reales). El régimen fiscal español era complicado. Incluía: ingresos por venta de tierras (mercedes reales); tributos que debían pagar los indios; derechos aduaneros (almojarifazgo); impuestos por venta o reventa de bienes muebles o raíces (alcabala); impuestos por venta de aguardiente, tabaco, naipes, sal, azufre, papel sellado (estanco).

La motivación principal de la explotación de las minas fue de la de producir oro y plata en grandes cantidades para mantener la fuerza militar española en Europa, necesaria para contrarrestar las aspiraciones de otras potencias. Oro no se llegó a producir en cantidades importantes, pero si mucha plata. Las minas de plata del Potosí, en Bolivia (Alto Perú), y las de Zacatecas, en México, descubiertas en 1545 y 1546, respectivamente, fueron las más ricas. Las minas fueron consideradas propiedad de la corona, la que se reservaba su aprovechamiento, pero en algunas de las menos ricas se permitió la explotación libre por los particulares, pagando a la corona el quinto real.

La economía minera del siglo XVI fue muy bien complementada por la economía agrícola. La agricultura prosperó no sólo en las provincias españolas sino en Brasil, donde pronto floreció la producción de azúcar, la cual se exportaba a los mercados de Europa. La caña de azúcar y su cultivo llegaron a Brasil procedentes de Madeira y las primeras plantaciones de azúcar se hicieron en el actual estado de Pernambuco. El país se dividió en Capitanías y se establecieron los primeros centros poblados, destacando San Salvador de Bahía (1549), que sería la capital del país por más de 200 años, y Sao Paulo (1554).

EL MESTIZAJE Y LAS DIFERENCIAS SOCIALES SE COMENZARON A MANIFESTAR DESDE LOS INICIOS DE LA COLONIA

Las gentes que se embarcaban para las Indias, en su gran mayoría, provenían de las clases populares campesinas. Junto con esa masa pobladora popular llegó la clase media gobernante de los cabildos y parte de la nobleza de segundo nivel, que vino con los cargos de mayor significación para la administración colonial. Aunque al principio no se establecieron condiciones para ir a las Indias, a partir de 1552 se tomaron mayores precauciones y en 1573 se autorizó a los viajeros sólo a residenciarse en los territorios ya descubiertos e incorporados, sin perjudicar a los indios.

En los primeros tiempos, existió una clara diferenciación racial entre blancos e indios. Sin embargo, muy pronto se inició un vasto proceso de mestizaje, al que luego se incorporarían los negros traídos de África, como esclavos, para aliviar el trabajo de los indios y proporcionar la mano de obra necesaria para las explotaciones agrícolas. No tuvieron prejuicios discriminatorios los conquistadores españoles y portugueses. Mezclaron su sangre con la de las aborígenes y con la de los negros africanos. De la mezcla de varias sangres, surgiría un tipo étnico bien diferenciado: el mestizo. No obstante, el poder político continuaría reservado a los blancos nacidos en Europa.

Sobre la tierra y el trabajo de indios y negros se apoyó un modo de vida señorial en América Latina que presentó desde el principio rasgos contradictorios de opulencia y miseria. Desde el momento en que los europeos se establecieron en el Nuevo Mundo, se inició el que sería permanente conflicto de la sociedad latinoamericana: la presencia de minorías privilegiadas, con una cultura foránea, al lado de mayorías indias o mestizas carentes de los bienes y servicios más elementales.

EL PROGRESO INICIAL DE LAS COLONIAS SE VIO FRENADO POR LA DECADENCIA DE ESPAÑA Y PORTUGAL

El dinamismo que imperó bajo Carlos V (1516- 1556) se vio menguado con la ascensión de su hijo, Felipe II, al trono de España (1556 -1598). España se volvió anacrónica dentro de la comunidad europea. Se colocó a la defensiva ante el empuje de Inglaterra y Francia. En lugar de crecer, se dedicó simplemente a conservar lo que poseía.

El progreso de las colonias fue más lento en la segunda mitad del siglo XVI. Apenas destacó la fundación de Caracas (Diego de Losada) en 1567 y la refundación de Buenos Aires en 1580. También en 1567 el comandante portugués Mem de Sá ocupó el sitio de Río de Janeiro, donde los franceses se habían establecido desde 1555. Sin embargo, prosiguió la explotación minera y agrícola y se generaron importantes riquezas. Desde 1580, hasta 1640, España y Portugal se unieron, tras la muerte del rey portugués don Sebastián. Los portugueses aprovecharon esta situación para ensanchar Brasil más allá del límite que les fijaba el tratado de Tordesillas, pero no se avanzó en la integración cultural ni de ningún otro tipo entre Brasil e Hispanoamérica.

LOS PIRATAS FUERON UNA SERIA AMENAZA

Los conquistadores españoles no sólo tuvieron que vencer la resistencia de los indígenas. Desde los inicios de la conquista tuvieron que enfrentar, sobre todo en el área del Mar Caribe, las constantes incursiones de piratas ingleses, franceses y de otras nacionalidades europeas.

Entusiasmadas por las noticias de las grandes riquezas que vienen de las Indias, Francia, Inglaterra y otras potencias europeas buscaron, desde el inicio de la exploración y el descubrimiento del Nuevo Mundo, el modo de beneficiarse también. Como la protección del Papa impedía una intervención directa, surgió la piratería. Al principio, se trataba de asaltar las naves de España para robarles los tesoros que llevaban. Tan temprano como en 1523, piratas franceses asaltaron las naves de Cortés. Aparecieron entonces las "patentes de corso" o licencias para robar. Luego los corsarios y piratas recorrieron todo el Caribe y no se limitaban a abordar naves, sino que asaltaban y quemaban las fortalezas y centros poblados establecidos por los españoles en sus costas. En medio de esta confusión, los banqueros alemanes llegaron para comprar lo que podían. Uno de esos grupos, los Welser, hasta recibieron el territorio de Venezuela en concesión, para explotarlo, en busca del inaccesible Dorado, que llevó a muchos conquistadores a la muerte.

Aprovechando la decadencia de España, luego de la abdicación y muerte de Carlos V, la reina de Inglaterra Isabel I (1558-1593), estimuló la piratería como ningún otro soberano; a sus corsarios y piratas (John Hawkins, Francis Drake, entre otros) la historia los nombra con un nombre muy expresivo: los perros del mar. Drake fue armado caballero (sir Francis Drake) y lo hicieron miembro del Parlamento. Lo mismo ocurrió con Walter Raleigh.

Walter Raleigh (1552- 1618) fue un corsario, al servicio de la reina Isabel I de Inglaterra, que exploró Trinidad y la actual Guayana venezolana, enfrentándose a las fuerzas españolas, en busca del supuesto reino de El Dorado, una zona donde se creía que existían abundantes minas de oro

A PESAR DE TANTOS CONFLICTOS, LA ACTIVIDAD CULTURAL FUE INTENSA

Los colonos españoles, apoyados por la corona, encontraron espacio para desarrollar una intensa actividad cultural en el siglo XVI, a pesar del ambiente hostil en el que les tocó vivir.

Además de preocuparse por la organización política, los españoles dieron mucha importancia desde el principio a la educación y en 1538 crearon la primera universidad en el Nuevo Mundo, la de Santo Domingo. En 1553 crearían las de México y Lima. En estas universidades coloniales se reunían elites letradas:

canonistas y teólogos famosos, latinistas y helenistas, retóricos y dialécticos formados en las mejores universidades de España.

La cultura latinoamericana, desde sus comienzos, fue fundamentalmente humanística; por eso, su máximo exponente ha sido siempre el escritor. Los historiadores fueron los forjadores de la imagen, incluidos Cristóbal Colón, Américo Vespucio y Hernán Cortés. Pero luego, con clara conciencia de nuevo mundo, surgieron Pedro Mártir de Anglería, Gonzalo Fernández de Oviedo, Bartolomé de las Casas, Francisco López de Gómara, Bernal Díaz del Castillo, José de Acosta y Antonio Herrera, entre otros. Entre ellos, destacó el jesuita José de Acosta, más analítico que narrativo, quien en su "Historia natural y moral de las Indias" (1590) da testimonio de primera magnitud del proceso cultural de América; fue, además, el primero en sugerir que el hombre americano no era autóctono y que debía haber venido a pie, o mediante navegación costera, por un punto donde las tierras de otro continente se juntasen con las americanas.

La cultura colonial no fue mero trasplante de Europa, sino en gran parte obra de fusión de lo europeo y de lo indígena. La literatura, así como la fiesta religiosa, se constituyó desde el siglo XVI en una de las expresiones más representativas del intercambio entre lo europeo y lo indígena.

CAPÍTULO 4. DE CÓMO LAS COLONIAS DE ESPAÑA Y PORTUGAL SE FUERON CONSOLIDANDO

"La colisión de tres pueblos - indígenas, europeos y africanos - dio a luz la América Latina"

The History of Latin America: Collision of Cultures
Marshall C. Eakin

AL COMENZAR EL SIGLO XVII LA REGIÓN YA TENIA SU SISTEMA DE CIUDADES

En el proceso de colonización de las Indias, los españoles le dieron una gran importancia a la fundación de ciudades. En su criterio, las ciudades eran la base necesaria para el desarrollo social, político y económico de un territorio. No hubo un verdadero plan de colonización y urbanización de las Indias por parte del gobierno español, pero con mucha intuición y buen juicio se fueron seleccionando sitios adecuados donde fundar ciudades. Tan eficaces fueron en esta tarea que el sistema urbano básico que existe hoy en América Latina es prácticamente el mismo que existía a comienzos del siglo XVII. Las principales ciudades de hoy día ya habían sido fundadas para entonces.

Ciudad de México ha sido la ciudad más grande de América Latina desde los tiempos de la Colonia

Las ciudades más importantes en esa época eran Ciudad de México, Lima y La Habana. Ciudad de México tenía unos 100.000 habitantes en 1620 y la riqueza y el esplendor de sus iglesias causaba admiración a los europeos que llegaban a ella. Lima tenía unos 50.000 habitantes comenzando el siglo XVII y La Habana, aunque ya era una ciudad importante, todavía no tenía las dimensiones que alcanzaría en el siglo siguiente. Lima y La Habana, a diferencia de Ciudad de México, eran completamente unas ciudades españolas.

Alberto Silva Aristeguieta

Lima, capital del Virreinato del Perú, fue la segunda ciudad más grande de la Colonia y continúa siendo una de las ciudades más importantes de América Latina

El trazado de las ciudades y sus estructuras arquitectónicas fundamentales (plaza mayor, iglesia, cárcel) constituyeron prescripciones minuciosas de las Leyes de Indias, disposiciones aprobadas por el Consejo de Indias para ordenar el desarrollo político y administrativo de las colonias. Se siguió el modelo establecido por Felipe II en 1573, en el que se ordenó no ocupar tierras con asentamientos de indios para construir ciudades, ya que ello podría traer perjuicios culturales de convivencia. Alrededor de la plaza mayor debían edificarse una iglesia, con capacidad acorde al número de vecinos, la casa del cura, la casa del regimiento o concejo, la cárcel y un mesón o casa de la comunidad donde pudiesen llegar los forasteros. Es decir, la plaza mayor constituía el centro de la actividad de la ciudad. De la plaza mayor debían salir cuatro calles principales destinadas al comercio y estas calles, así como las demás calles, solares y cuadras debían estar bien definidas y trazadas con eje y cordel. Los solares debían repartirse conforme a la calidad de los vecinos, a mayor o menor distancia del centro según la relevancia económica y social de las familias. Las ciudades costeras debían contar con puertos o embarcaderos. En los lugares cálidos se dispuso la construcción de calles angostas para que las edificaciones les proporcionasen sombra, y en los sitios fríos calles anchas que facilitasen la entrada e irradiación de la luz solar. La orientación de las calles se dispuso teniendo en cuenta los vientos dominantes, para que no fuesen barridas directamente por ellos. Para defender las ciudades debían construirse fortificaciones en lugares apropiados para su función.

Felipe II, rey de España desde 1556 hasta su muerte, en 1598, dirigió el proceso de conquista de las colonias americanas y promulgó las ordenanzas para guiar la fundación de las ciudades y el desarrollo político y administrativo de lo que entonces se denominaba las Indias Occidentales

LA IGLESIA CATÓLICA CONTINUÓ CON SU ACTIVIDAD MISIONERA

Más allá de las ciudades, la Iglesia continuó con su esfuerzo evangelizador, penetrando en el interior de las provincias. Con mucha tenacidad, los sacerdotes fueron convirtiendo al cristianismo a los indígenas, estableciendo misiones en sus pueblos, pero a la vez educándolos y enseñándoles la práctica de distintos oficios y los métodos para mejorar la productividad en las tareas agrícolas.

Quizás el mejor ejemplo de la labor misionera se dio en Paraguay. En 1606 los jesuitas, que habían llegado a la zona a fines del siglo XVI, establecieron en el río Paraguay la primera de sus grandes misiones y cercaron praderas para el ganado comunal, levantaron talleres y rudimentarias escuelas de oficios e incorporaron los indios errantes a la vida laboriosa de la reducción. Todas las tierras y equipos eran propiedad de la comunidad, la cual trabajaba bajo la dirección de dos o tres jesuitas que vivían en cada misión. En 1617 se dividió el territorio de la Plata en dos gobernaciones, la del río de la Plata y la del Paraguay, y la corona española les concedió autonomía a los jesuitas en el desarrollo de las misiones, para defender el territorio del avance de los portugueses y de los cazadores de esclavos. Durante siglo y medio (1606-1767), el Paraguay sería ese soñado país de utopía, el que ha abolido la guerra y las discordias económicas. Pero este impulso de reforma social quedará un poco ahogado por la inercia burocrática y la excesiva lentitud del Estado español.

Alberto Silva Aristeguieta

LOS PIRATAS SIGUIERON HACIENDO DE LAS SUYAS

A los piratas franceses e ingleses, que venían incomodando a los colonos españoles desde comienzos del siglo XVI, se sumaron, a principios del siglo XVII, los piratas holandeses, quienes también incursionaron en Brasil. Los piratas holandeses se dirigieron inicialmente hacia las costas de Venezuela y se establecieron en Aruba, Curazao y Bonaire, a las que posteriormente se les conocería como Antillas Holandesas. De allí, a partir de 1624, invadieron el territorio del Brasil. Entre 1630 y 1654 ocuparon una zona del nordeste de Brasil, donde todavía, sobre todo en Recife, se puede observar la influencia holandesa en edificios y pinturas de la época y en muchos apellidos brasileños.

En Brasil también destacó la acción de los bandeirantes. Estos eran colonos portugueses, cazadores de fortunas, que se integraron en bandas muy numerosas y utilizaban banderas para identificarlas. Cuando terminó la unión de España y Portugal (1640), Portugal se negó a desocupar los espacios que había colonizado al oeste del límite del tratado de Tordesillas y los bandeirantes aprovecharon para penetrar y explorar el interior del Brasil. Los bandeirantes, aunque eran crueles cazadores de esclavos, resultaron los pioneros en la exploración y conquista del gran territorio que hoy ocupa Brasil, descubriendo además importantes depósitos de oro y plata. Su principal base de operaciones era Sao Paulo y desde allí penetraron hasta el pie de los Andes y las orillas de los ríos Paraná y la Plata.

La piratería caribeña, mientras tanto, se organizó desde 1629 en el filibusterismo o Hermandad de la Costa. Se trataba de individuos anárquicos, resistentes a cualquier influencia sobre ellos de los Estados europeos, que tenían como bases principales a La Tortuga y Jamaica. El más famoso de los filibusteros fue el galés Henry Morgan, cruel y aguerrido saqueador, quien al final de sus días se retiraría, a su hacienda en Jamaica, como un rico y honorable ciudadano.

Henry Morgan (1635- 1688) fue un filibustero galés, que actuó por cuenta propia, con apoyo del gobierno de Jamaica, saqueando varias posesiones españolas en la zona del Mar Caribe. En 1674 fue nombrado Caballero por el rey Carlos II de Inglaterra y designado Teniente Gobernador de Jamaica

En 1670, España e Inglaterra firmaron un tratado para poner fin a la piratería. Por él, España reconoció los títulos de Inglaterra sobre Jamaica, pero negó los correspondientes a Belice, aunque ésta siguió en poder de los ingleses (Guatemala mantendría luego una reclamación sobre ese territorio hasta 1991, cuando reconoció la independencia del nuevo país). La piratería, sin embargo, no cesó todavía, debido a la actividad de los corsarios franceses, amparados bajo la protección de Luis XIV (el Rey Sol). Estos filibusteros se apoderaron de Haití en 1690, pero sus andanzas en el Caribe terminarían en 1697, luego del derrumbamiento del poderío naval francés tras la guerra con España (1687-1697).

LA RIQUEZA FUE DIVIDIENDO A LA SOCIEDAD

Los curtidos y valientes guerreros que conquistaron la región fueron cediendo su lugar predominante a las nuevas generaciones, algunos descendientes de aquellos, pero otros que vinieron de la península ibérica a probar fortuna o a ejercer los distintos cargos que demandaba la administración de las nuevas colonias.

En el siglo XVI se había ido constituyendo una sociedad de mestizos, en la que los distintos grupos raciales se integraban sin mayor dificultad. Pero, a lo largo del siglo XVII, se fue desarrollando una sociedad muy distinta. Engreídos por el poder político y por las riquezas derivadas de la explotación minera y agrícola se formó, sobre todo en México y Perú, una sociedad aristocrática, que se desenvolvía con menos liberalidad y con políticas raciales más recelosas como la exigencia social de "limpieza de sangre". También desde el punto de vista religioso e intelectual se ejercitaron políticas restrictivas, inspiradas en la Inquisición y la Contrarreforma. Más que el interés de evangelizar a los indios, prevaleció ahora en la Iglesia el deseo de dominar la sociedad criolla. Estas políticas se extenderían, en mayor o menor grado, al resto de las provincias coloniales.

Las riquezas que se generaron en las Indias fueron extraordinarias. La vida era generalmente fácil para el criollo en las provincias indianas, aunque no así para el indio y el negro que sustentaban la abundancia nativa con su duro trabajo servil. En Lima prevalecía el lujo y el derroche. Potosí se convirtió en la primera aglomeración urbana en los dominios españoles, con más de 150.000 vecinos a mediados del siglo XVII. Pero la producción de plata, que llegó a su punto máximo alrededor de 1650, comenzó a disminuir por el agotamiento de las vetas y no pudo recuperarse jamás. La caída en la explotación de la plata reduciría a Potosí a los límites modestos de una ciudad de provincia.

Potosí, situada en el suroeste de Bolivia, a más de 4000 metros sobre sobre el nivel del mar, fue una de las ciudades más importantes de la Colonia hasta que cesó la explotación de la plata en el denominado Cerro Rico

En México, además de la producción minera, la producción agrícola se incrementó debido al desarrollo de la hacienda, como organización más eficiente que la explotación de las tierras en pequeños lotes indígenas, que constituyó un centro de la vida social colonial y una unidad económica en gran medida autosuficiente. Este auge le permitió a México alcanzar, muy pronto, una posición privilegiada en sus relaciones comerciales con la metrópoli, basada en la exportación de excedentes de la producción agrícola.

La prosperidad incipiente de las colonias hispanoamericanas contrastaba con la depresión que se manifestaba en España en el siglo XVII. Fue un tiempo de crisis, en el que los españoles cuestionaron todos sus valores tradicionales.

BRASIL ENTRÓ EN DECADENCIA, PERO LUEGO SU SUERTE CAMBIÓ

Por mucho tiempo, los asentamientos en Brasil eran escasos y concentrados en el área costera. El patrón típico de estos asentamientos era el de unas plantaciones, alrededor de un ingenio azucarero, rodeadas de un entorno que las complementaba y les proveía de hombres y ganado. Los pueblos más importantes (Bahía, Recife y Río de Janeiro) eran lugares muy modestos, comparados con las grandes ciudades hispanoamericanas como México, Lima y Potosí. San Salvador de Bahía, la capital y la ciudad más grande de Brasil hasta la mitad del siglo XIX, apenas llegaba a los 20.000 habitantes a mediados del siglo XVII.

A diferencia de la bonanza de México y Perú, Brasil sufrió una recesión a mediados del siglo XVII, debido a la decadencia de su economía azucarera frente a la expansión de la producción en las Antillas, estimulada por el incremento en la importación de esclavos negros por parte de las potencias europeas que dominaban el área del Caribe. Al ser expulsados los invasores holandeses en 1654, éstos se marcharon a Guayana (Surinam) y algunas islas pequeñas del Caribe, empleando mano de obra negra esclava y llevando consigo el conocimiento de la plantación y refinación del azúcar, que habían aprendido de los portugueses. Esta práctica se extendió a otras islas del Caribe, dominadas por franceses e ingleses, debilitando considerablemente la economía brasileña.

A fines del siglo XVII, cambió la suerte de Brasil con el descubrimiento del oro (1698) en Minas Gerais, entonces un rincón de la capitanía de Sao Paulo. Se inició con este suceso un progresivo crecimiento de esta colonia portuguesa hasta convertirse en el primer país de América Latina tres siglos después.

Alberto Silva Aristeguieta

LA CULTURA SIGUIÓ PROGRESANDO

En 1609 se publicó en Lisboa la obra de mayor valor en toda la literatura colonial: "Comentarios Reales", del inca Garcilaso de la Vega. Militar, escritor y, al final de su vida, sacerdote, Garcilaso de la Vega (1539-1619) nació en el Cuzco, hijo de un capitán español y de una princesa incaica, y murió en Córdoba (España). Los "Comentarios Reales" son una especie de histria de los incas, desde su origen hasta su conquista por los españoles. Se pinta allí una civilización a la vez bárbara y sutil, oscilante entre la sencillez doméstica y la grandeza imponente del rito religioso.

Empeñada en promover el desarrollo cultural y religioso en las Indias, España continuó creando universidades. En 1620 se fundó la Universidad de Quito, en 1623 la de la Plata (Chuquisaca), en 1624 surgen las de Charcas (Potosí) y Nueva Granada (Bogotá), en 1676 la de Guatemala y en 1692 la del Cuzco. Curiosamente, Portugal no fundó ninguna universidad en Brasil; se cree que esto se debió a que se consideraba Brasil como parte de Portugal y los hijos de la élite local eran enviados a estudiar en la antigua universidad de Coímbra.

A pesar de las restricciones sociales y religiosas en la América hispánica, el progreso económico de la segunda mitad del siglo XVII trajo consigo una actividad cultural asociada al barroco y a un mayor intercambio con la metrópoli. Los grandes edificios y monumentos que se levantaron en México, la pintura religiosa cuzqueña, con gran influencia indígena, y la escultura policromada del Ecuador contienen la más alta expresión artística de entonces.

El primer periódico, la "Gaceta de México", salió en 1667. Se produjeron libros de todo género y materia: obras teológicas; libros de mística y ascética; historias; literatura jurídica y de administración y gobierno; historias de las órdenes religiosas o de sus provincias eclesiásticas; y crítica contra la escolástica. La literatura, sin embargo, no fue de gran calidad, con la excepción notable de la obra de la mexicana Sor Juana Inés de la Cruz (1651-1695), quien en su poesía expresó mejor que nadie el drama de artificialidad y represión del barroco americano. Su mayor poema es "El sueño". El gran escritor mexicano Octavio Paz publicaría en 1982 un importante ensayo titulado "Sor Juana Inés de la Cruz o las trampas de la fe", el cual además de biografía y estudio crítico es una meditación sobre la historia mexicana del siglo XVII.

Sor Juana Inés de la Cruz (1651- 1695), poeta nacida cerca de Ciudad de México. Goza de reconocimiento oficial en su país y es considerada una poeta destacada tanto de la colonia mexicana como del imperio español en su época. "El sueño" es su obra literaria más importante

CAPÍTULO 5. DE LO QUE SUCEDIÓ CUANDO LAS COLONIAS COMENZARON A PROSPERAR

> "Nunca reconoceremos por gobierno legítimo de nuestra patria, sino aquel que sea elegido por la libre y espontánea voluntad del pueblo; y siendo el sistema republicano el más adaptable al gobierno de las Américas, propondremos, por cuantos medios estén a nuestro alcance, a que los pueblos se decidan por él"
>
> *La Gran Reunión Americana de Londres / Logia de los Caballeros Racionales*
> *Francisco de Miranda*

LOS BORBONES LLEVARON A CABO REFORMAS IMPORTANTES

El siglo XVIII comenzó con un importante cambio político en España. En 1700 terminó el reinado de la Casa de Austria y comenzó, con Felipe V, el de la Casa de Borbón. El Estado español, tan hermético en el siglo XVII, se afrancesó en el siglo XVIII. Esto se reflejó en la arquitectura indiana, menos religiosa y más civil, y en el establecimiento de paseos, edificios públicos, fuentes y estatuas.

Ante el crecimiento de las colonias americanas y los conflictos que comenzaron a surgir entre las autoridades locales españolas y los cabildos, e incluso entre las mismas autoridades españolas, los dos virreinatos existentes (México y Perú) no alcanzaban a cumplir eficazmente sus funciones. El primer paso que dio el nuevo régimen español, en 1717, fue crear el virreinato de Nueva Granada, con sede en Bogotá, quitándole al virreinato del Perú la competencia sobre los actuales territorios de Panamá, Colombia, Venezuela y Ecuador. Sin embargo, en 1723 suprimió el virreinato de Nueva Granada por considerarlo costoso e injustificado. En 1739 decidió volver a crearlo.

También decidió el gobierno de Felipe V, en 1718, trasladar el monopolio del comercio y la navegación de Sevilla a Cádiz. Sin embargo, este monopolio ya no era tal, pues los colonos americanos lo evadían, por medio del contrabando, en trato con ingleses y holandeses. España dictó leyes represivas para impedir el contrabando y la Iglesia lo calificó de pecado, pero nada de esto logró detenerlo.

Los Borbones reanudaron el esfuerzo de desarrollo poblacional y cultural de las Indias, iniciado por sus predecesores de la Casa de Austria. En 1722 se fundó Montevideo y en 1725 se creó la Universidad de Caracas. La imprenta, que ya existía, se multiplicó: 1707 en La Habana, 1720 en Oaxaca (México), 1738 en Bogotá.

Más tarde, el rey Carlos III (1759-1788) llevó a cabo reformas aún más importantes. El gobierno español no sólo tomó medidas contra los jesuitas, a los que consideraba promotores de la insurrección tanto en España como en las Indias, sino que eliminó las libertades políticas y suprimió la autonomía municipal. Centralizó el poder y acometió la reestructuración organizativa y administrativa de las provincias. Sin embargo, en 1763 comenzó a ceder frente al contrabando, en buena medida por el reconocimiento de su debilidad para controlarlo, permitiendo la libertad comercial para todos los puertos de España (quitándole el monopolio a Cádiz) y el intercambio entre las provincias y eliminando por inútil, en 1790, la vieja Casa de Contratación. Estas medidas estimularon el auge comercial y mejoraron las entradas de la corona. A pesar de ello, se vivió una crisis general en España bajo Carlos III. La nación lucía atrasada frente a las grandes potencias mundiales del momento.

Carlos III fue rey de España desde 1759 hasta su muerte, en 1788. Su gobierno ha sido calificado como un "despotismo ilustrado". Expulsó a los jesuitas de España y de todos sus dominios y ordenó reformas políticas y administrativas importantes en la actual América Latina

En 1776, año de la independencia de los Estados Unidos, se creó el virreinato de La Plata, con sede en Buenos Aires y jurisdicción sobre Argentina, Uruguay, Paraguay y el Alto Perú (Bolivia); adicionalmente, se otorgó mayor poder a la autoridad de Chile dentro del virreinato del Perú. Estas decisiones, sumadas a la existencia desde 1739 del virreinato de la Nueva Granada, terminaron por debilitar considerablemente al virreinato del Perú. Perú perdió, de esta manera, la posición predominante que tenía desde la época precolombina; Lima, con poco más de 50.000 habitantes, se quedó detrás de Ciudad de México y La Habana y fue alcanzada por Buenos Aires y Caracas. Mientras tanto, en la sierra, José Gabriel Condorcanqui tomó el nombre de

Túpac Amaru II y lanzó una feroz guerra (1780-1781), dirigida a la matanza de corregidores y de la minoría de hacendados y funcionarios blancos de los pueblos andinos.

En un afán por mejorar la eficiencia administrativa, también se otorgó mayor poder a las autoridades regionales de Venezuela y Quito en el virreinato de Nueva Granada y a las de Cuba, Santo Domingo y Guatemala en el virreinato de Nueva España (México). En Venezuela, por ejemplo, el rey Carlos III dispuso en 1777 que las seis provincias existentes, que dependían unas de la audiencia de Santo Domingo y otras del virreinato de Nueva Granada, quedaran bajo la autoridad del Gobernador y Capitán General de Caracas, unificándose el territorio desde los puntos de vista político y administrativo. Se crearon las intendencias, que unificaron atribuciones administrativas, financieras y militares antes muy irregularmente distribuidas. La reforma administrativa y la mercantil lograron, en principio, sus propósitos: las colonias progresaron rápidamente.

TODA LA REGIÓN PROGRESÓ MUCHO, PERO SOBRE TODO MÉXICO Y BRASIL

Gracias en buena medida a las reformas borbónicas, la prosperidad se generalizó bastante en la región a medida que avanzó el siglo XVIII, aunque el progreso de México y Brasil fue el más significativo.

México destacó en las Indias españolas como el territorio más poblado y más rico, capaz de proporcionar dos tercios de las rentas coloniales de la corona, a pesar de la disminución de la influencia administrativa del Virreinato de Nueva España, hacia fines de siglo, sobre América Central y el Caribe. La población de México se duplicó en el siglo XVIII, su capital era la ciudad más grande del Nuevo Mundo y en ella se construyeron magníficas casas privadas y palacios públicos. Las extraordinarias riquezas, derivadas sobre todo de la explotación de la plata, se concentraban en muy pocas manos. Los mineros, por encima de los hacendados, dominaban la sociedad. El desarrollo de la producción azucarera en Cuba y el cultivo del cacao en Venezuela fueron también significativos, pero de mucho menor importancia que la economía minera de México.

En cuanto al Brasil, al descubrimiento del oro (1698) le siguió, en 1729, el de los diamantes, también en Minas Gerais. Brasil vivió, durante todo el siglo XVIII, un período de gran bonanza económica. El cultivo del azúcar se reactivó y surgió el del café, que llegó al Brasil desde la Guayana Francesa. La importación de esclavos se intensificó. La población creció rápidamente. El sudeste minero desplazó al norte azucarero como centro político y económico.

Mientras las provincias coloniales españolas perdían importancia individual frente a la metrópoli, por la división político- administrativa que se había producido, Brasil se agigantó frente a Portugal. En Brasil, al contrario de lo que pasó en la América Hispánica, las clases dominantes locales, dueñas de las tierras y de la riqueza, lograron también controlar las instituciones políticas creadas por el poder central. El marqués de Pombal gobernó al país como un virtual dictador (1751-1777) y estableció reformas políticas tan importantes como las de Carlos III en Hispanoamérica. Prohibió la esclavitud de los indios, hizo que la administración fuese más eficiente, redujo el descontento admitiendo a los nacidos en Brasil en los cargos públicos, estimuló la expansión de la agricultura, satisfizo a los terratenientes brasileños expulsando a los jesuitas en 1759, antes que lo hiciera Carlos III en las provincias españolas, y trasladó la capital, en 1763, de Bahía a Río de Janeiro, el puerto del oro, más cerca del centro minero.

Sebastián José de Carvalho e Melo (1699- 1782), más conocido como Marqués de Pombal, fue Primer Ministro del rey José I de Portugal y gobernó Brasil como un tirano, a pesar de lo cual esta colonia portuguesa tuvo un progreso económico considerable

ESPAÑA LLEGÓ A DOMINAR DOS TERCIOS DE LOS ACTUALES ESTADOS UNIDOS

Aunque bastante al margen de lo que estaba ocurriendo en las colonias hispanoamericanas, es interesante recordar que durante el siglo XVIII España llegó a dominar la Florida, el Oeste e incluso - entre 1763 y 1800- prácticamente toda la región central de lo que serían los Estados Unidos, lo que se conocía entonces como la Luisiana y que había sido controlada por Francia hasta 1763. Es decir, España alcanzó a controlar por 37 años unos dos tercios del actual territorio de los Estados Unidos.

Cinco de las más grandes ciudades actuales de los Estados Unidos fueron fundadas por los españoles en el siglo XVIII: San Antonio (1718), San Diego (1769), San Francisco (1776), San José (1777) y Los Ángeles (1781).

A partir de 1800, España y luego México, una vez que se independizó, fueron perdiendo gradualmente todos esos territorios, pero se puede afirmar, considerando también el dominio de Francia sobre la Luisiana, que antes de esa fecha una gran fracción de la superficie actual de los Estados Unidos podía considerarse parte de lo que llamamos hoy América Latina.

LAS COLONIAS COMENZARON A SENTIR DESEOS DE INDEPENDENCIA

La prosperidad, que les permitía sentirse autosuficientes, y las ideas modernas del siglo XVIII, condujeron a que tanto las colonias españolas como Brasil comenzaran a sentir deseos de independizarse.

En las colonias españolas, la circulación de libros y nuevas ideas pareció estimular protestas sociales muy temprano en el siglo XVIII. Las de los comuneros del Paraguay (1721-1735) y los vegueros cubanos (1723) fueron las primeras. El descontento de los indios en Hispanoamérica comenzó a manifestarse en protestas, alzamientos y rebeliones en muchos lugares. Estos movimientos fueron reprimidos violentamente, pero persistieron las preocupaciones de los criollos por una mayor libertad económica, las cuales se presumían instigadas por los jesuitas. Esta congregación religiosa había alcanzado un gran poder político y económico en casi toda la región y logró ejercer mucha influencia sobre las burguesías locales, fomentando en ellas el debate político y comenzando a sembrar ideas independistas. El Estado español, para resolver el conflicto, expulsó a los jesuitas, en 1767, de los dominios indianos. Pocos años antes, los portugueses los habían expulsado de Brasil.

En Brasil, cuando el marqués de Pombal murió, en 1782, su economía era más poderosa que la de Portugal y los ciudadanos locales, ya incorporados al poder político, comenzó a soñar con la independencia.

La Revolución Francesa de 1789 pareció encontrar inmediato eco en América Latina y los sentimientos de libertad e independencia comenzaron a manifestarse con mayor intensidad. Aunque la independencia de Brasil tardaría un siglo en llegar, en el mismo año de 1789 el subteniente del regimiento de Dragones de Minas Gerais Joaquim José de Silva Xavier (apodado Tiradentes porque era medico dentista, además de geólogo e ingeniero hidráulico), jefe de la llamada "conspiración minera", fue denunciado a las autoridades coloniales y detenido. Considerado el precursor de la independencia del Brasil, Tiradentes fue ejecutado en 1792.

En 1790 se inició la insurrección de los esclavos haitianos, cuyo jefe a partir de 1793 fue Toussaint L'Ouverture. Francia no intervino y los propietarios blancos tuvieron que defenderse solos; por un tiempo ofrecieron resistencia, apoyados por los ingleses, pero al retirarse éstos en 1798 Toussaint ocupó toda la isla y se proclamó mandatario vitalicio. Los haitianos insurrectos controlaron asimismo la parte española de la isla de Santo Domingo (la actual República Dominicana) y liberaron a los esclavos.

Toussaint L'Ouverture (1743- 1803), fue entrenado como militar por los españoles y dirigió una revolución en Haití, logrando dominar toda la isla de La Española y liberar a los esclavos negros. Luego abandonó a sus aliados españoles, pues estos no querían abolir la esclavitud. En 1802 fue hecho prisionero por los franceses y enviado a Francia, donde murió un año después.

Al margen de esos dos incidentes, en las colonias españolas se comenzó a gestar un movimiento revolucionario de mucha mayor profundidad. Las restricciones políticas del régimen de Carlos III, frente al estímulo al desarrollo económico y cultural, resultaron en una grave contradicción que habría de resolverse con la guerra. La actividad cultural era intensa en las colonias, se crearon nuevas escuelas y museos, se cultivó el desarrollo de las ciencias naturales y sociales, se editaron periódicos en Buenos Aires, Caracas, Santiago de Chile y otras ciudades importantes y el intercambio intelectual, a través de visitas, libros y cartas, era frecuente en la región, superando las enormes distancias y grandes espacios vacíos que separaban a los principales núcleos urbanos. Ese ambiente fue propicio para la propagación y discusión de ideas que contribuyeron a conformar una conciencia de destino común hispanoamericano, separado de España.

Más que en los ricos virreinatos de México y Perú, fue en los países agrícolas emergentes donde el movimiento insurgente comenzó a perfilarse con mayor rapidez, estimulado por el anhelo de los grandes terratenientes por un mayor poder político. En Colombia, con la revuelta de los comuneros (1781), y en Venezuela se manifestaron los primeros intentos de protesta y rebelión. Francisco de Miranda, en Venezuela, Antonio Nariño y Francisco José de Caldas, en Colombia, y Francisco Javier Eugenio Espejo, en Ecuador, figuraron entre los principales precursores de la independencia.

El debilitamiento de España durante el reinado de Carlos IV (1788- 1808) y el inicio de una nueva guerra de ésta con Inglaterra en 1796 incentivaron aún más los deseos de libertad en las colonias americanas.

Francisco de Miranda (1750- 1816) fue un militar venezolano que participó en la Revolución Francesa, la guerra de independencia de los Estados Unidos y la guerra de independencia hispanoamericana. Es considerado 'El Precursor de la Emancipación Americana". En 1813 fue hecho prisionero por los españoles y enviado a una prisión en Cádiz, donde murió en 1816

CAPÍTULO 6. DE CÓMO LAS COLONIAS ESPAÑOLAS LOGRARON SU INDEPENDENCIA

"Nosotros somos un pequeño género humano; poseemos un mundo aparte, cercado por dilatados mares, nuevos en casi todas las ciencias, aunque en cierto modo viejos en los usos de la sociedad civil…. no somos indios ni europeos, sino una especie media entre los legítimos propietarios del país, y los usurpadores españoles"

Carta de Jamaica
Simón Bolívar

HAITÍ SE INDEPENDIZÓ PRIMERO

Haití comparte la isla de La Española con la que es hoy la República Dominicana. Aunque Colón estuvo en Haití durante su primer viaje y los españoles se asentaron luego en Santo Domingo, muy cerca de Haití, fue muy poco el interés que tuvieron en esa parte de la isla y esta se encontraba prácticamente abandonada hasta que algunos piratas franceses la utilizaron como base de operaciones en el siglo XVII. Luego España la cedió a Francia en 1697. Los franceses la convirtieron en una colonia muy próspera, gracias a un sistema de plantaciones de caña de azúcar basado en el uso de gran cantidad de esclavos negros. El maltrato dado a los esclavos fue colmando su paciencia hasta que se declararon en rebelión en 1790, utilizando como argumento la Declaración de los Derechos del Hombre y del Ciudadano, promulgada por la Revolución Francesa un año antes. A partir de allí se vivió una situación muy confusa y violenta, agudizada por los conflictos entre Francia, Gran Bretaña y España, hasta que Toussant L'Ouverture, convertido en el líder de los esclavos alzados, logró el control de la colonia.

Napoleón, que tenía planes de establecer un gran imperio colonial en América, decidió acabar con la rebelión haitiana y envió a comienzos de 1802 una fuerte expedición, al mando de su cuñado, el general Leclerc, para someter los esclavos alzados. Cuando todo parecía perdido para los rebeldes y su líder Toussaint L'Ouverture fue detenido, la fiebre amarilla liquidó al ejército francés. El 1° de enero de 1804 los haitianos proclamaron su independencia. Juan Jacobo Dessalines, su nuevo líder, se hizo gobernador vitalicio y luego emperador, pero fue asesinado en 1807. Lo sucedió el jefe de su ejército, Henri Cristophe, quien trató de reconstruir el país y creó una fastuosa corte a su alrededor, alojada en grandes mansiones. La aventura de Cristophe serviría de inspiración al escritor cubano Alejo Carpentier para su novela "El reino de este mundo" (1949). Dessalines apoyó los intentos revolucionarios de Francisco de Miranda en 1804 y Alexandre Petion, presidente de Haití en 1816, suministró recursos a Simón Bolívar para ayudar a la independencia de Suramérica.

Haití fue entonces el primer país de América Latina en lograr su independencia, en un movimiento aislado del que se comenzaba a gestar en las colonias españolas.

LAS COLONIAS HISPANOAMERICANAS LOGRARON SU INDEPENDENCIA TRAS UNA GUERRA DEVASTADORA

En las colonias hispanoamericanas continuó desarrollándose a principios del siglo XIX el ambiente revolucionario que se había venido formando a lo largo del siglo XVIII, por la eliminación de libertades políticas, acentuado por la difusión de nuevas ideas, los acontecimientos de la independencia de los Estados Unidos y la Revolución Francesa y la pérdida de poder del Estado español frente a las demás potencias europeas. Los más acomodados de los 3 millones de criollos no soportaban ya la dominación de los escasos 300.000 peninsulares y canarios. En 1800, las colonias españolas tenían una población más grande que la de España y exportaban más, pero su comercio estaba restringido a unos pocos puertos españoles y sometido a fuertes regulaciones e impuestos. El hecho que desencadenó la rebelión fue la invasión de España por Napoleón, en 1808, destronando al rey Fernando VII. Pero antes, los residentes de Buenos Aires tuvieron que enfrentar, con éxito, una invasión de tropas inglesas (1806-1807) que pretendían aprovecharse de la situación.

Los cabildos, que eran el centro de la vida pública en la colonia, fueron también el centro de la insurgencia contra la corona española. Es un primer momento, dieron manifestaciones de fidelidad a Fernando VII y crearon juntas conservadoras de los derechos del rey. Pero muy pronto se revelaron los verdaderos deseos de independencia de los blancos criollos. En 1809 un grupo de sublevados en Quito lanzó el primer grito de independencia. La caída de Sevilla, en 1810, fue seguida en casi todas partes por la revolución colonial. En ese mismo año se produjeron, sucesivamente, las declaraciones de independencia de Venezuela, Argentina, Colombia, México y Chile.

Con las declaraciones de independencia comenzó la guerra de las colonias americanas con España. Aunque el proceso de independencia no fue uniforme en todas las colonias, en general se pueden distinguir tres etapas: la rebelión de las colonias, entre 1810 y 1814; la reconquista del poder por la corona española, entre 1815 y 1819; y la independencia, entre 1820 y 1824.

En México se produjo el grito de Dolores, una villa rural, el 16 de septiembre de 1810, comenzando una revolución encabezada por el cura local, Miguel Hidalgo, seguido por peones rurales y de las minas, bajo el lema "Viva Fernando VII y muera el mal gobierno". Al año siguiente, Hidalgo fue ejecutado por el gobierno y otro cura, José María Morelos, continuó su labor hasta morir en 1815, pero fue seguido por Vicente Guerrero y otros, hasta lograr la independencia en 1822.

En América del Sur, los principales focos revolucionarios fueron Venezuela y Argentina. En Venezuela, bajo la dirección de Francisco de Miranda, fracasaron los primeros intentos por crear una nueva república y Miranda fue hecho prisionero y enviado a España, donde murió en 1816. En Argentina, los insurrectos tuvieron mejor suerte y la revolución se sostuvo.

En 1814, mientras había guerra en toda la región, el doctor José Gaspar Rodríguez de Francia, quien había sido electo gobernador civil (cónsul) de Paraguay en 1811, se nombró dictador, iniciando así un régimen de terror que duraría hasta su muerte en 1840. De esa manera, Francia entró a la historia como el primer dictador de América Latina. En 1974, el escritor paraguayo Augusto Roa Bastos recrearía, en su novela "Yo, el Supremo", la dictadura de ese extraño personaje.

Alberto Silva Aristeguieta

José Gaspar Rodríguez de Francia (1766-1840) dirigió la guerra de independencia de Paraguay. En 1814 fue elegido presidente de la nueva república, transformándose luego en "Supremo Dictador" hasta su muerte en 1840. Fue el primer dictador de la América Latina

Argentina logró independizarse definitivamente en 1816, pero los portugueses (que todavía dominaban a Brasil) aprovecharon la ocasión e invadieron Uruguay. El héroe de la independencia uruguaya, José Gervasio Artigas, se vio obligado a exiliarse en Paraguay, con sus seguidores, ante el avance de las tropas portuguesas. Los argentinos postergaron hasta 1825 la guerra con Brasil por Uruguay; mientras tanto, sus ejércitos, al mando de José de San Martín, traspusieron los Andes para liberar a Chile, cuya independencia se proclamó a comienzos de 1819. El chileno Bernardo O´Higgins fue, junto con San Martín, el gran héroe de la independencia de su país.

José de San Martin (1778- 1850) fue un militar argentino que dirigió la liberación de Argentina, Chile y Perú. Es reconocido, junto con Simón Bolívar, como el Libertador de América. En 1822 se entrevistó con Bolívar en Guayaquil y le cedió su ejército y la misión de finalizar la independencia del Perú

En ese mismo año de 1819, el venezolano Simón Bolívar también traspuso los Andes para liberar a la Nueva Granada (Colombia), lo cual se logró con la victoria en la batalla de Boyacá, el 7 de agosto. San Martín, O´Higgins y Bolívar eran jóvenes educados en Europa, pertenecientes a ricas familias criollas. Dos meses después de la batalla de Boyacá se formó la Gran Colombia (unión de Venezuela y Colombia) que duraría sólo hasta 1830. En un curioso movimiento envolvente no concertado, con Bolívar desde el norte y San Martín desde el sur, se comenzó a liquidar el dominio español en América del Sur, facilitado por la incapacidad de España para enviar más refuerzos a la guerra. A comienzos de 1820 ocurrió la insubordinación en Cádiz del comandante Rafael de Riego, quien se negó a seguir enviando tropas a América y por casi dos años asumió el poder en España. En 1823 fue vencido por tropas francesas que invadieron ese país y murió en la horca.

Simón Bolívar (1783- 1830) fue un militar venezolano que dirigió la guerra de independencia de Venezuela, Colombia, Ecuador, Perú y Bolivia. Acusado de querer convertirse en dictador de las naciones liberadas, perdió el poder político y murió enfermo en la ciudad de Santa Marta, en la costa atlántica de Colombia

Mientras reinaba la confusión en España, Bolívar completó la independencia de Venezuela con la victoria de Carabobo en 1821 y sus ejércitos se dirigieron a Ecuador. San Martín ya había ocupado Lima, desde Chile, y liberó luego a Guayaquil. En esta ciudad se reunieron los dos grandes héroes de la independencia suramericana, y el 26 de julio de 1822, por razones que todavía se desconocen, San Martín decidió retirarse a Argentina. Bolívar asumió la conducción de la guerra contra España y confió a Antonio José de Sucre, también venezolano, la independencia de Ecuador y Perú, la cual obtuvo éste tras las victorias en Pichincha (Quito) y Ayacucho (Perú) en 1822 y 1824, respectivamente. La victoria de Ayacucho selló la independencia hispanoamericana. Posteriormente, se creó la República de Bolivia (1825) y Sucre fue su primer presidente.

Antonio José de Sucre (1795- 1830) fue un militar venezolano, que actuando bajo las órdenes de Simon Bolivar logró las victorias que sellaron la independencia de Ecuador y Perú. Fue el primer presidente de Bolivia. Murió asesinado en el sur de Colombia, cuando se dirigía desde Bogotá a encontrarse con su esposa y su hija en Quito

México consolidó su independencia en 1821, bajo el mando del general Agustín Iturbide, y en 1823 las provincias de Guatemala, Honduras, El Salvador, Nicaragua y Costa Rica declararon su independencia absoluta, constituyéndose

67

las Provincias Unidas del Centro de América, que tuvo corta duración hasta producirse su separación en cinco estados independientes (1838).

En 1825 ya eran independientes todas las colonias hispanoamericanas, con excepción de Cuba y Puerto Rico que permanecieron bajo el control de España. La guerra de independencia, que duró quince años, causó la ruina y la destrucción de varios países de la región, sobre todo de México, Perú y Venezuela, y dejó un saldo considerable de muertos de ambos bandos. Finalizó entonces un imperio que había durado más de tres siglos. La República Dominicana había sido liberada por Haití y permaneció ocupada por ésta hasta 1844.

BRASIL CONTINÚO SIENDO UNA COLONIA PORTUGUESA

En Brasil, la situación fue muy diferente. Al invadir los ejércitos napoleónicos a Portugal, también en 1808, la familia real portuguesa, de la Casa de Braganza, con el apoyo de los ingleses se trasladó a Brasil, donde permaneció hasta 1822. Este hecho, que demuestra la importancia que ya tenía Brasil, retrasó la independencia de ese país.

Portugal reconoció en 1825 la independencia de Brasil, pero continuó allí la monarquía bajo el rey Pedro I, hijo del rey Juan II que había regresado a Portugal en 1822. Ya existían movimientos aislados de verdadera independencia en Brasil, como el grito de Ipiranga en 1822, pero no lo suficientemente fuertes como para derrocar al régimen monárquico impuesto.

Ninguna nación hispanoamericana prosperó más que Brasil después de 1825. Mientras los demás países latinoamericanos sufrieron las consecuencias de la guerra de independencia, Brasil vivió una transición pacífica, expandió sus territorios, recibió la mayor parte de las inversiones inglesas y transformó su medio rural, importando colonos europeos para explotar el cultivo del café. Su población se duplicó entre 1825 y 1850.

LA INDEPENDENCIA TRAJO COMO CONSECUENCIA LA DESTRUCCIÓN DE LA UNIDAD HISPANOAMERICANA

La independencia permitió la libertad de los hispanoamericanos, pero también trajo como consecuencia inmediata la destrucción de la unidad que había existido durante trescientos años. No sólo las colonias se independizaron de España, rompiendo la unión que tenían con ella, sino que en los territorios de los cuatro virreinatos existentes se creó un número mucho mayor de naciones independientes.

Entre 1811 y 1830, el territorio del Virreinato de Nueva España se dividió en México y las Provincias Unidas de Centroamérica, el del Virreinato de Nueva Granada en Venezuela, Colombia y Ecuador, el del Virreinato del Perú en Perú, Bolivia y Chile y el del Virreinato del Río de la Plata en Argentina, Paraguay y Uruguay.

El pensamiento unificador de Simón Bolívar fracasó. La principal iniciativa de Bolívar para fomentar la unión, el Congreso de Panamá, se reunió en 1826, pero sólo concurrieron Colombia, Perú, México y las Provincias Unidas de Centroamérica; los demás países no mostraron mayor interés en el evento y sus resultados prácticos fueron nulos.

Una de las primeras preocupaciones de los nuevos estados surgidos de la independencia fue la de fijar los límites territoriales. Esa preocupación condujo a permanentes pleitos, a veces guerras, que aún no han terminado. Argentina entró en conflicto con Brasil en 1825, por el dominio sobre la Banda Oriental del Uruguay, en lo que sería la primera guerra interna de América Latina por cuestiones territoriales. La guerra terminó en 1829, con el nacimiento de un nuevo estado independiente, la República Oriental del Uruguay. El país nació dividido entre la influencia de Argentina, por una parte, y la de Brasil, por la otra. Además de la disputa de Argentina y Brasil por Uruguay, se desataron guerras entre Chile, Perú y Bolivia.

Alberto Silva Aristeguieta

LAS NUEVAS NACIONES HISPANOAMERICANAS TUVIERON MUCHAS DIFICULTADES AL INICIO

Las nuevas naciones hispanoamericanas se caracterizaron, en sus comienzos, por la inestabilidad política, la ineficiencia administrativa y una difícil situación económica como consecuencia de la guerra de independencia. Cuando terminó la guerra los países estaban arruinados, diezmada su población, trastornada su vida social toda. Inglaterra se aprovechó de esta situación, estableciendo bancos, concediendo créditos y acaparando el comercio exterior de la región. Es tal la importancia de Inglaterra, a partir de 1825, que se ha hablado de un "neocolonialismo inglés", sustitutivo del colonialismo que antes ejercieran los países ibéricos. Inglaterra asumió el control financiero de Hispanoamérica, no sin cierta cautela al principio, pero el liderazgo cultural lo ejerció Francia, la que se convirtió en modelo para las ideas, la moda, las costumbres, el derecho y el arte. El francés se convirtió en la lengua auxiliar por excelencia.

Tras el fracaso de las tentativas de unificación, cada país intentó crear un orden administrativo y político y se ensayaron distintas formas de organización y gobierno, pero casi todas resultaron inadecuadas.

Argentina, bajo su primer presidente, Bernardino Rivadavia, designado en 1826, debió enfrentar acontecimientos muy difíciles como la guerra contra Brasil por Uruguay. Luego siguieron algunos momentos de inestabilidad política hasta la dictadura de Juan Manuel de Rosas (1829-1852), quien gobernó en forma cruel y llevó a su país a conflictos internacionales de resonancia con Bolivia, Francia e Inglaterra, a pesar de lo cual en el país se experimentó cierta prosperidad.

Juan Manuel de Rosas (1793- 1877) gobernó Argentina entre 1835 y 1852. Fue un autócrata, convencido de que a los países había que gobernarlos con mano fuerte para evitar la anarquía, por lo que muchos historiadores contemporáneos continúan calificándolo como un tirano

Las Provincias Unidas de Centroamérica entraron en una guerra civil en 1827 y vivieron más de 10 años en serios conflictos internos hasta que en 1838 comenzó a derrumbarse la unión. Los cinco estados de la federación se erigieron en cinco repúblicas independientes. Nicaragua, Honduras, Costa Rica, Guatemala y El Salvador se fueron separando, en ese orden, entre 1838 y 1839.

México también vivió situaciones muy difíciles, las más turbulentas de la región, estando su vida republicana inicial caracterizada por una serie de revoluciones, golpes de estado, guerras civiles y, para colmo, la pérdida de Texas (1836) y de California, Nuevo México, Arizona, Nevada, Utah y parte de Colorado (1848), frente a los Estados Unidos. Los estadounidenses llegaron a tomar la Ciudad de México en 1847. El hombre fuerte de México en todo este período fue el general Antonio López de Santa Anna, un aventurero conservador, capaz de presidir el entierro solemne de la pierna que perdió en una de las desafortunadas guerras en las que participó.

Paraguay, bajo la dictadura de Francia, así como Uruguay y Costa Rica, logró estabilidad política y algún progreso económico, pero el éxito mayor de la Hispanoamérica independiente fue el de Chile, en el gobierno del general conservador Joaquín Prieto y su ministro Diego Portales, un comerciante de Valparaíso que nunca asumió la presidencia de Chile, pero que fue reconocido como el hombre fuerte del país hasta que fue asesinado en 1837.

COMENZÓ A MANIFESTARSE UNA CULTURA CON RASGOS MÁS PROPIOS

Los hispanoamericanos cambiaron de nacionalidad jurídica, pero no cambiaron de lengua ni de tradición. La cultura siguió siendo hispánica, aunque con rasgos propios. Entre los humanistas, enciclopedistas, sabios y poetas que contribuyeron a formar el carácter de los nuevos estados destacan el mexicano Joaquín Fernández de Lizardi (1779-1827), el venezolano Andrés Bello (1781-1865) y el peruano Felipe Pardo Aliaga (1806-1868). Andrés Bello vivió en Chile desde 1829 hasta su muerte, consagrándose a la vida intelectual, la elaboración del Código Civil y la educación, siendo el fundador y primer rector de la Universidad de Chile. Entre los escritores de la época sobresalió el argentino

Alberto Silva Aristeguieta

Domingo Faustino Sarmiento, autor de "Facundo" (1845), soberbia descripción de la vida social y política de su país, la primera reflexión coherente de tipo sociológico sobre la problemática argentina.

Andrés Bello (1781- 1865) fue un intelectual venezolano que vivió en Chile desde 1829. Fundó la Universidad de Chile en 1843 y fue su primer Rector por el resto de su vida. Su obra más conocida es la "Gramática de la lengua española para uso de los americanos"

Domingo Faustino Sarmiento (1811- 1888) fue un escritor argentino y presidente de su país entre 1868 y 1874. Se interesó particularmente en los temas de la educación. Su obra literaria más importante fue "Facundo", una crítica del gobierno de Rosas

CAPÍTULO 7.   QUE TRATA DE LA CONSTRUCCIÓN DE UN NUEVO ORDEN

"Mexicanos: encaminemos ahora todos nuestros esfuerzos a obtener y a consolidar los beneficios de la paz. Bajo sus auspicios será eficaz la protección de las leyes y de las autoridades para los derechos de todos los habitantes de la República"

Manifiesto al volver a la capital de la República
Benito Juárez

UN NUEVO ORDEN SE COMENZÓ A CONSTRUIR

Luego de un periodo inicial muy inestable, entre 1825 y 1850, a partir de 1850 la situación comienza a cambiar y las nuevas naciones hispanoamericanas se modernizan y se organizan mejor, su expansión económica es muy rápida y aumenta la población. Además, entre 1850 y 1880 se prohibió la esclavitud en toda la región, con excepción de Cuba y Puerto Rico, todavía en poder de España.

Uno de los factores que propició ese cambio, y tuvo además efectos importantes en la economía mundial, fue el descubrimiento del oro en California hacia 1850. Como consecuencia de ese descubrimiento, la navegación comercial se intensificó entre la costa oeste de los Estados Unidos y Europa, alrededor de América Latina, beneficiando a muchos países de la región. México se rezagó un poco, afectado todavía por la inestabilidad política, pero Colombia, Perú, Chile, Argentina, Uruguay, Brasil y Venezuela se beneficiaron de la nueva situación. Las actividades mineras y agrícolas se expandieron en estos países (guano en Perú; cobre y trigo en Chile; trigo, maíz y cebada en Argentina; lana en Uruguay; café en Brasil, Venezuela, Colombia y América Central), apoyadas en la instalación de ferrocarriles y telégrafos en todas partes. La producción de azúcar también se incrementó en las Antillas, aunque a un ritmo menor.

Inglaterra continuó dominando el comercio exterior y Francia ejerciendo el liderazgo cultural. El autor más leído y admirado en esa época fue Víctor Hugo, sobre todo por "Los miserables" (1862). Predominó un positivismo anticlerical en los círculos intelectuales y el poder de la Iglesia, que había sido muy partidaria de la dominación colonial europea, se redujo considerablemente.

El nuevo orden, sin embargo, no se construyó fácilmente. Aunque en algunos países la transición se dio sin mayores problemas, en otros se produjeron violentos enfrentamientos. Perú, Bolivia, Chile, Argentina, Uruguay, Paraguay y Brasil continuaron en guerra por conflictos territoriales. Un aventurero norteamericano, de nombre William Walker, se proclamó presidente de Nicaragua (1856-1860). También ocurrió la tentativa de España de recuperar, sin éxito, los territorios de República Dominicana (1861-1865) y Perú (1864-1867), y el intento de Francia de anexarse México (1861-1867). Por su parte, Venezuela continuó sufriendo el azote reiterado de guerras civiles o fratricidas; ninguna tan lamentable como la Guerra Federal (1859-1863).

LIBERALES Y CONSERVADORES SE ENFRENTARON POR EL PODER

En la escena política hispanoamericana de la segunda mitad del siglo XIX se enfrentaron conservadores y liberales. Los conservadores, en general, eran partidarios de gobiernos fuertes y centralizados, querían mantener la estructura social tradicional y apoyaban a la Iglesia Católica. Los liberales, por el contrario, querían gobiernos menos intervencionistas y descentralizados y se oponían a la antigua estructura sociocultural y al poder de la Iglesia Católica.

Los liberales triunfaron en Argentina, México, Chile, Ecuador, Guatemala, Uruguay y Venezuela, En otros países, como Bolivia, Colombia, Costa Rica, Haití, Honduras, Paraguay y Perú, el liberalismo también triunfó, pero no consiguió imponerse como sistema permanente.

En general, los gobiernos liberales, a partir de 1870, lograron encauzar la región en una senda de mayor orden y progreso, superando los fuertes conflictos que se habían vivido bajo los gobiernos conservadores.

EL PROGRESO DE ARGENTINA FUE NOTABLE

El dictador Rosas fue derrocado en Argentina, en 1852, por una rebelión de caudillos de las provincias. Surgió luego una guerra civil entre los partidarios de la federación y los partidarios del centralismo, los latifundistas de las provincias y la burguesía bonaerense, respectivamente, la cual no impidió una apertura hacia el exterior, a través de la incorporación del país al mercado internacional capitalista orientado por Inglaterra. La guerra terminó con el triunfo del general Bartolomé Mitre en 1861, quien dio un sentido progresista y civil al gobierno, labor que continuaron el gran escritor Domingo Faustino Sarmiento, hombre de pensamiento y acción, Nicolás Avellaneda y el general Julio A. Roca, un próspero terrateniente de la provincia de Buenos Aires.

Las actividades agropecuarias y mineras se tecnificaron y se introdujeron nuevos medios de transporte. El comercio, la agricultura de cereales (trigo, maíz y cebada), la ganadería, la infraestructura ferroviaria y la educación se desarrollaron mucho en ese período, con la ayuda de los inmigrantes europeos, y se culminó la conquista del desierto. Juan Bautista Alberdi, destacado intelectual de la época, decía por entonces: "gobernar es poblar". En los gobiernos posteriores al de Roca, todavía bajo su influencia, se produjo una crisis económica que resolvería el propio Roca al resultar electo para el período 1898-1902. Como resultado de su extraordinario desarrollo económico, para 1900 Argentina ocupaba un lugar preeminente entre las naciones latinoamericanas. Gracias sobre todo a la inmigración europea, la población del país pasó de poco más de un millón de personas en 1850 a casi cinco millones en 1900.

EN MÉXICO OCURRIERON CAMBIOS POLÍTICOS IMPORTANTES

En México, tras la expulsión del general Santa Anna (1855), que había gobernado el país desde 1823 en medio de grandes desastres, sobrevino una época de conflictos internos y crisis económica. Fundamentalmente, se trataba de una lucha entre el privilegio establecido y la reforma liberal.

En 1858, un líder liberal mestizo, el abogado Benito Juárez, de humildísima familia campesina, asumió la presidencia. Juárez expresó su doctrina liberal de gobierno en las "Leyes de la Reforma", promulgadas en 1858. Pero en 1861 se produjo una invasión militar por parte de Inglaterra, Francia y España. La suspensión del pago de la deuda exterior fue el pretexto de la invasión, pero lo que en realidad pretendían las potencias europeas era impedir el dominio exclusivo de los Estados Unidos sobre América Latina. Inglaterra y España se retiraron pronto, al darse cuenta de que lo que buscaba el emperador francés Napoleón III era extender su imperio a México. La resistencia mexicana fue dirigida por el presidente Benito Juárez, apoyado por el pueblo, pero fue depuesto por los franceses en 1863.

Benito Juárez (1806 - 1872) fue un abogado y político mexicano, de origen zapoteca, que sirvió como presidente de su país durante varios periodos entre 1858 y 1872. Dirigió la resistencia contra la invasión francesa y tomó medidas liberales para modernizar a México

En 1864, Maximiliano, hermano del emperador de Austria, fue proclamado emperador de México, pero la guerra continuó hasta que Francia, presionada por los Estados Unidos para evacuar México y amenazada de guerra por Rusia y Austria, retiró sus tropas y provocó la caída de Maximiliano, quien murió fusilado en 1867. Juárez gobernó hasta su muerte en 1872; durante su gobierno, conocido como la Reforma, secularizó los bienes del clero e instituyó el matrimonio civil, la libertad de cultos, la separación de la Iglesia y el Estado y el desarrollo de las escuelas laicas. Una actitud similar se dio en Venezuela, bajo el régimen de Antonio Guzmán Blanco.

A la muerte de Juárez sucedieron nuevas guerras civiles, hasta que se impuso la larga dictadura de Porfirio Díaz (1878-1911), quien mejoró la situación financiera y atrajo la inversión extranjera, promoviendo el desarrollo agrícola e industrial, pero no resolvió los graves problemas sociales mexicanos (educación del pueblo, cuestión agraria, redención de los indios); sin embargo, es el ejemplo más maduro de dictadura progresista que se conocería en América Latina. Al porfirismo se le considera una variante del liberalismo mexicano. A Porfirio Díaz se le atribuye la famosa frase: "Pobre México, tan lejos de Dios y tan cerca de los Estados Unidos".

Porfirio Díaz (1830- 1915) fue presidente de México entre 1876 y 1911. Es una figura controversial en la historia de México, alabado por unos por haber estabilizado y modernizado el país, promoviendo su crecimiento económico, mientras otros, sobre todo los revolucionarios que lo derrocaron, lo consideraron un villano que privilegió a los grandes hacendados en contra de los campesinos

EN SURAMÉRICA SIGUIERON LAS GUERRAS

Una pelea entre trabajadores vascos y peruanos en una hacienda de Perú, en 1864, provocó la guerra entre Perú y España. Una escuadra española asedió las costas peruanas, pero fue rechazada por una alianza de tropas de Perú, Chile, Ecuador y Bolivia, aunque el conflicto no se resolvió sino en 1878, con la mediación de Estados Unidos, que había decidido desde 1823 (doctrina Monroe) intervenir en cualquier conflicto entre los países americanos y las potencias europeas.

La unión frente al enemigo externo no impidió que Chile, Bolivia y Perú se pelearan entre sí. La llamada "guerra del Pacífico" de Chile contra Bolivia y Perú, entre los años 1870 y 1883, por los yacimientos de plata y salitre en las provincias bolivianas y peruanas de la costa del Pacífico, se resolvió con la victoria de Chile y la ocupación por éste de los territorios en disputa. Los chilenos llegaron a ocupar Lima por casi tres años (1881-1883). Aislada del mar, Bolivia se convirtió en uno de los países más atrasados de América, por lo que le tocó la peor suerte en esta guerra.

Chile emergió de la guerra enriquecido por las reservas minerales que había conquistado y las aprovechó para impulsar su desarrollo; un inglés, de nombre John Thomas North, llamado el "rey del nitrato", fue uno de los personajes más importantes de la época. Sin embargo, en 1891 surgió un conflicto interno en este país, entre el Presidente de la República José Manuel Balmaceda y los partidos políticos y el Congreso Nacional. El conflicto de poder derivó en una guerra civil que duró 18 meses y que trajo como consecuencia el establecimiento de fuertes controles al poder presidencial por parte del Congreso, situación que se mantuvo en Chile hasta 1925.

Mientras ocurrían esos conflictos en el lado del Océano Pacifico, algo peor le sucedió a Paraguay en el lado atlántico, tras una guerra inútil contra Argentina, Brasil y Uruguay (la Triple Alianza) por la hegemonía sobre el río de La Plata y el Paraná, entre 1865 y 1870, dirigida por el presidente Francisco Solano López. Paraguay perdió la mayor parte de su territorio, se sacrificó casi toda la población, el país fue ocupado por más de seis años y se le obligó a pagar una deuda abrumadora.

BRASIL FINALMENTE SE INDEPENDIZÓ

Mientras Hispanoamérica progresaba en medio de tropiezos, Brasil lo hizo sin dificultad, bajo el gobierno bastante liberal, aunque monárquico, del rey Pedro II (1840-1889). Pedro II mantuvo una "democracia con corona", como la llamó el historiador y estadista argentino Bartolomé Mitre. Respetó las leyes y la libertad de opinión y prohibió la esclavitud; el país progresó económicamente, pero las ideas republicanas continuaron ganando terreno hasta que en 1889 un movimiento encabezado por el mariscal Deodoro da Fonseca proclamó la república. Pedro II, ante el hecho cumplido, renunció a la corona. De esta manera, Brasil se sumó, con casi 65 años de retraso, a las naciones independientes de América Latina.

Pedro II (1825- 1891), conocido como "El Magnánimo", nació en Rio de Janeiro y era hijo del rey Pedro I, nacido en Lisboa. Pedro II asumió el poder en Brasil cuando su padre regresó a Europa, en 1831, y ejerció un gobierno muy apreciado por el pueblo, contribuyendo mucho a la modernización y el progreso de Brasil

En 1889 se estableció un período cuatrienal para la Presidencia de la República y el mariscal da Fonseca gobernó desde 1889 hasta 1891, año en que renunció sin terminar su período. Floriano Peixoto, su sucesor, líder populista, conocido como el Mariscal de

Hierro, y Rui Barboza, su ministro de Hacienda, organizador e innovador, se convirtieron en los personajes políticos más importantes de los primeros años de la República. Los militares controlaron el gobierno hasta 1894, cuando se eligió el primer presidente civil: Prudente de Morais. Fue una época de importantes cambios sociales, debido al paso de la monarquía a república. El último presidente de Brasil en el siglo XIX fue el doctor Manuel Ferras de Campos Salles.

Entre 1896 y 1897 ocurrió la guerra de Canudos, que fue un conflicto, en esa zona de la provincia de Bahía, entre el Ejército brasileño y los integrantes de un movimiento popular de contenido socio-religioso dirigido por Antonio Conselheiro. El movimiento amenazaba con sacudir el poder de los terratenientes y las bases de la incipiente república y se movilizaron más de diez mil soldados de 17 estados brasileños, distribuidos en cuatro expediciones militares, para someter a los rebeldes. Se calcula que murieron más de veinticinco mil personas. Las acciones culminaron con la destrucción total de Canudos. El escritor peruano- español Mario Vargas Llosa recreó este conflicto en su novela "La guerra del fin del mundo" (1981).

Además de la gran actividad agrícola y minera, en el noreste y en el sur, respectivamente, Brasil se convirtió en el principal productor de caucho para 1900, explotado en la región amazónica del norte, con Manaos como su centro, a más de 1.500 kilómetros del mar. La extraordinaria riqueza que proporcionó el caucho se tradujo en el crecimiento de Manaos con tranvías, buenos hoteles, plazas y edificios públicos y el imponente Teatro Amazonas o teatro de la ópera. Pero, poco antes de la primera guerra mundial (1912), Asia reemplazaría a Brasil como el principal productor de caucho y la prosperidad amazónica se derrumbaría.

LA INMIGRACIÓN EUROPEA PROVOCÓ UN CAMBIO DE COSTUMBRES

La fuerte inmigración europea hacia los países del sur provocó un cambio de costumbres. Ciudades como Buenos Aires, Montevideo y Sao Paulo se hicieron cosmopolitas.

De Europa llegaron también ideas políticas más modernas. Aproximadamente desde 1885 se inició en América Latina un proceso de crisis política caracterizado por el radicalismo político (impulsado por ideas radicales de reforma o revolución social), que se oponía al liberalismo moderado. Apareció el movimiento obrero y social de inspiración socialista, se organizaron sindicatos, no sólo en el campo sino en las incipientes industrias a todo lo largo de la región, y surgieron en Argentina las primeras manifestaciones de la socialdemocracia.

ESTADOS UNIDOS COMENZÓ A TENER GRAN INFLUENCIA EN LA REGIÓN

A pesar de la independencia y del progreso económico, social y cultural de América Latina en el siglo XIX, la región no alcanzó a liberarse totalmente de la influencia de las potencias extranjeras. En el orden económico, la influencia de Europa era muy poderosa y las clases altas terratenientes se debilitaron frente a los emisarios de las grandes empresas de Inglaterra y otros países; en el orden político, además de las inversiones frecuentes por los países europeos, comenzó a manifestarse la injerencia de Estados Unidos, cuya tutela sustituiría al intervencionismo europeo.

Estados Unidos intentó primero, entre 1889 y 1890, llevar a cabo un proyecto panamericano para imponer su hegemonía, pero este proyecto fracasó debido a una resistencia abierta y eficaz capitaneada por Argentina. En 1895, en un conflicto de límites entre Venezuela e Inglaterra por la Guayana Esequiba, Estados Unidos se hizo árbitro de la disputa y se afirmó como protector o gendarme de América Latina. Además, en 1898 entró en guerra con España, apoderándose de Cuba y Puerto Rico, islas que no habían logrado liberarse de España y, además, estaban ya penetradas por importantes inversiones norteamericanas en la producción azucarera. Estados Unidos reconoció la libertad de Cuba, pero la mantuvo intervenida, y estableció en Puerto Rico una administración militar.

SE COMENZÓ A UTILIZAR EL NOMBRE DE AMÉRICA LATINA

En la segunda mitad del siglo XIX se comenzó a utilizar el nombre de América Latina para identificar a la región. No existe consenso sobre el origen de esta denominación, aunque se acepta que surgió con una connotación política, tanto por el interés de las nuevas naciones hispanoamericanas de deslindarse de los Estados Unidos como por la pretensión francesa de lograr el apoyo de la región para sus políticas expansionistas. Los partidarios de una u otra fuente debaten todavía cuál de las dos motivaciones tuvo más influencia en el nombre, pero quizás lo cierto es que ambas fueron concurrentes.

El francés Michel Chevalier, ingeniero y profesor de economía política, comentó en 1836, en uno de sus libros, que esta parte de América estaba habitada por gente de raza "latina", que podría ser aliada de la "Europa latina" en su lucha contra la "Europa anglosajona". Veinte años después, en 1856, el poeta colombiano José María Torres Caicedo fue quizás el primero en utilizar la expresión "América Latina", en su poema "Las dos Américas", publicado en París. En la novena parte del poema aparecía lo siguiente:

"La raza de la América Latina al frente tiene la sajona raza"

En ese mismo año de 1856, el escritor chileno Francisco Bilbao también se refirió a la "América latina" en su propuesta de unidad de las naciones americanas liberadas de España, aunque abogó por la creación de los Estados Unidos de la América del Sur, por ser este último término más utilizado en esa época para distinguirla de la América del Norte. En la década de 1860 se comenzó a utilizar con mayor frecuencia el término "América Latina", tanto en Francia como en algunos países latinoamericanos.

En todo caso, el nombre de América Latina se utiliza actualmente para referirse a los países de habla española y portuguesa del continente americano: Argentina, Bolivia, Brasil, Chile, Colombia, Costa Rica, Cuba, Ecuador, El Salvador, Guatemala, Honduras, México, Nicaragua, Paraguay, Perú, República Dominicana, Uruguay y Venezuela. Usualmente se incluye también a Haití, un país de habla francesa, también derivada del latín, pero es motivo de debate la inclusión de Puerto Rico, por su condición de Estado Libre Asociado de los

Estados Unidos. Sin embargo, la designación no se aplica en ningún caso a los países de habla inglesa y neerlandesa en el continente americano y tampoco a los territorios que no son países, aunque en ellos se hable francés, como la provincia de Quebec, en Canadá, donde la mayoría es francófona, o los territorios dependientes de Francia (Guayana Francesa, Guadalupe, Martinica, San Martin y San Bartolomé).

LOS ESCRITORES SE AFIRMARON COMO LOS PRINCIPALES EXPONENTES DE LA CULTURA LATINOAMERICANA

La literatura latinoamericana tuvo un auge importante en la segunda mitad del siglo XIX. Además del argentino Domingo Faustino Sarmiento (1811-1888), destacaron el peruano Ricardo Palma (1833-1919), el también argentino José Hernández (1834-1866), el colombiano Jorge Isaacs (1837-1895), el brasileño Joaquím María Machado de Assis (1839-1908) y el cubano José Martí (1853-1895). Martí, considerado el apóstol de la independencia cubana, fue el precursor de los poetas modernistas, el más importante de los cuales sería el nicaragüense Rubén Darío (1867-1916).

José Martí (1853- 1895) es un héroe nacional de Cuba. Como poeta y como activista político luchó por la independencia de su país en contra de España, por lo que ha sido llamado "El Apóstol de la Independencia Cubana". Uno de los poemas de su libro "Versos Sencillos" fue adaptado para la canción "Guantanamera", que se convirtió en la canción patriótica de Cuba

CAPÍTULO 8. DONDE SE CUENTAN LAS DIFICULTADES PARA ESTABLECER LA DEMOCRACIA EN LA REGIÓN

"Tal vez Somoza sea un hijo de puta, pero es nuestro hijo de puta"

Franklin Delano Roosevelt

LOS INTENTOS PARA ESTABLECER LA DEMOCRACIA SE ENCONTRARON CON MUCHOS OBSTÁCULOS

En América Latina, con base en la experiencia de la segunda mitad del siglo XIX, se pensaba en general, a comienzos del siglo XX, que la democracia era necesaria para el progreso económico y social de los países en región y, además, para garantizar la libertad de los ciudadanos. Esta creencia se vio reforzada por las ideas modernas aportadas por la nueva inmigración europea. En cierta forma, se buscaba emular los modelos políticos que ofrecían Inglaterra, Francia y los Estados Unidos.

Pero muy pronto surgieron obstáculos importantes para que la democracia se pudiese establecer en la región. Por una parte, los Estados Unidos, cuyo modelo político democrático precisamente querían imitar, comenzaron a intervenir excesivamente en el funcionamiento de las nuevas naciones. Por otro lado, caudillos y hombres ansiosos de poder siguieron intentando gobernar por la fuerza y algunas personas, entre ellos intelectuales, hasta pensaban que las dictaduras eran necesarias para mantener el orden. En muchos casos, los Estados Unidos apoyaron también a las dictaduras, lo que hizo aún más difícil lograr imponer sistemas democráticos en América Latina. Pero no sólo los Estados Unidos y las dictaduras constituyeron amenazas para la democracia, sino también los movimientos populistas, muchas veces convertidos también en dictaduras.

Alberto Silva Aristeguieta

LOS ESTADOS UNIDOS INTERVINIERON EXCESIVAMENTE EN AMÉRICA LATINA

En 1900, el uruguayo José Enrique Rodó publicó "Ariel", un ensayo en el que trató de prevenir a la juventud latinoamericana de los riesgos de la civilización materialista que se comenzaba a imponer desde Estados Unidos. Eran los tiempos del modernismo y del idealismo y Rodó se anticipó a muchos pensadores latinoamericanos que luego observaron impotentes como la influencia europea, dominante en la región hasta fines del siglo XIX, cedió ante el empuje eficaz y avasallante de Estados Unidos. "Ariel" despertó un deseo general por reafirmar la cultura latinoamericana frente a la influencia cultural de los Estados Unidos.

En el período 1900-1950, caracterizado por las crisis económicas y las dos guerras mundiales, la presencia económica norteamericana se intensificó en América Latina, mientras se liquidaban gradualmente las inversiones y el comercio exterior de los países europeos. Estados Unidos no se limitó a intervenir en la economía y establecer empresas en América Latina, sino que influyó excesivamente en la política regional y hasta intervino militarmente en Centroamérica y el Caribe.

La injerencia de Estados Unidos en la región se manifestó desde el mismo comienzo del nuevo siglo. En 1903, el gobierno de Teodoro Roosevelt trató de llegar a un acuerdo con Colombia para construir un canal a través del istmo de Panamá, entonces un departamento de este país, pero el congreso colombiano rechazó ese acuerdo. Estados Unidos promovió entonces una revuelta en Panamá, apoyada con sus barcos de guerra, y Panamá declaró su independencia de Colombia. El gobierno de facto del nuevo país firmó entonces un acuerdo con Estados Unidos para construir el canal de Panamá, obra realizada entre 1904 y 1914.

CONTINUÓ EL PROGRESO ECONÓMICO, PERO TAMBIÉN LA INSATISFACCIÓN POPULAR

Aunque aumentó la dependencia de los Estados Unidos, la economía latinoamericana vivió una etapa de rápido crecimiento en la primera mitad del siglo XX. Se desarrollaron la minería, la agricultura de exportación y la ganadería extensiva. A las producciones mineras y agrícolas tradicionales se sumó la explotación petrolera, particularmente en Venezuela y México. La población regional se incrementó de 65 a más de 160 millones y buena parte de esta población se concentró en las grandes ciudades, las cuales crecieron muy rápidamente. La sociedad se modernizó, pero las diferencias sociales se acentuaron y en los sectores populares la insatisfacción se incrementó; sin embargo, la movilización política de estos sectores sólo se dio de modo masivo en México durante algunas etapas de la revolución que comenzó en 1910.

LA REVOLUCIÓN MEXICANA INTENTÓ IMPONER UN CAMBIO SOCIAL

La Revolución Mexicana representó un gran experimento social, que curiosamente pretendía imponer la democracia por la fuerza, pero luego prácticamente la secuestró al establecer un régimen de partido único.

La revolución mexicana, sin duda el acontecimiento histórico más importante de principios del siglo XX en América Latina, se inició en 1910, año centenario del grito de Dolores. Con el fin de restituir el sistema republicano, falseado por la dictadura de Porfirio Díaz, y adoptar políticas sociales más populares, surgió un movimiento revolucionario encabezado por Francisco Madero, descendiente de una gran familia de terratenientes. Madero venció con facilidad, pues el régimen de Porfirio Díaz se encontraba muy debilitado, y asumió la Presidencia a fines de 1911. Pero, apenas comenzó su mandato, Madero tuvo que enfrentar fuertes oposiciones hasta que fue asesinado en 1913. Le sucedió Victoriano Huerta. Estados Unidos se negó a reconocer el régimen de Huerta, enviando una flota a Veracruz (1914) y ordenando al general John Pershing (1917) capturar a Pancho Villa, uno de los generales más prominentes de la revolución mexicana. Estados Unidos fracasó en todas esas iniciativas, pero Huerta no logró sostenerse en la

Presidencia y fue depuesto por Venustiano Carranza, representante del sector moderado de la revolución.

Venustiano Carranza (1859-1920) fue uno de los principales líderes de la Revolución Mexicana. Era un político hábil, más que un militar. Fue más conservador que otros líderes de la revolución, por lo que trató de eliminarlos para mantenerse en el poder. Fue asesinado por los generales del norte en 1920

Carranza gobernó de 1914 a 1920 y en 1917, el mismo año de la Revolución Rusa, dictó la célebre Constitución por la cual se dotaba de tierra a los campesinos, se declaraba que toda ella pertenecía al Estado mexicano y se reconocían en una forma amplia los derechos de los sindicatos obreros. Al triunfo de la política de Carranza contribuyeron los asesinatos de los caudillos rurales Emiliano Zapata en 1919 y Francisco (Pancho) Villa en 1923, sus principales opositores. Carranza también fue asesinado, antes que Pancho Villa, y le sucedieron en la Presidencia de México, entre otros, Álvaro Obregón, Plutarco Elías Calles y Lázaro Cárdenas, quienes continuaron su labor de reforma social y de lucha contra la Iglesia y contra las empresas extranjeras. Obregón promovió la organización sindical y estimuló la educación y la cultura, actividades a cargo de su Ministro de Educación, José Vasconcelos, uno de los principales intelectuales latinoamericanos de la época. Calles institucionalizó la revolución y la profundizó. Cárdenas nacionalizó la industria petrolera en 1934, hecho que fue apoyado por la Iglesia, lo que le permitió mejorar sus relaciones con el Estado. Venezuela, el otro gran país petrolero de América Latina, nacionalizaría su industria mucho más tarde (1976).

Lázaro Cárdenas (1895- 1970) fue un general en la Revolución Mexicana y presidente de México entre 1934 y 1940. Es recordado por la nacionalización de la industria petrolera y la creación de Pemex, la empresa petrolera estatal mexicana

En 1946 se creó el Partido Revolucionario Institucional (PRI), con antecedentes en el Partido Nacional Revolucionario y el Partido de la Revolución Mexicana, el cual monopolizaría la política mexicana durante el resto del siglo XX. Miguel Alemán (1946-1952) fue el último presidente mexicano de la primera mitad del siglo XX, con resultados económicos muy positivos, ejecutando proyectos masivos de obras públicas, los cuales incluyeron sistemas de riego en el noroeste y desarrollos hidroeléctricos en el sur, pero no continuó con las reformas sociales de sus predecesores.

EN EL RESTO DE LA REGIÓN SE COMENZARON A IMPONER DICTADURAS

La dictadura se convirtió en una forma frecuente de gobierno en América Latina desde el comienzo del siglo XX. Entre las dictaduras de la primera mitad de ese siglo destacaron las de: Manuel Estrada Cabrera en Guatemala (1898-1920), Juan Vicente Gómez en Venezuela (1908-1935), Maximiliano Hernández Martínez en El Salvador (1931-1944), Getulio Vargas en Brasil (1930- 1945), Rafael Leónidas Trujillo en República Dominicana (1930-1961), Tiburcio Carías Andino en Honduras (1933-1948), Anastasio Somoza en Nicaragua (1937- 1956) y Juan Domingo Perón en Argentina (1943-1955).

Juan Vicente Gómez (1857- 1935) fue dictador de Venezuela desde 1908 hasta su muerte, en 1935. Su gobierno se vio beneficiado por el descubrimiento y la explotación de petróleo en el país. Puso fin a una larga serie de guerras civiles e insurrecciones políticas, pero fue sumamente cruel con sus opositores

Rafael Leónidas Trujillo (1861- 1961), apodado "El Jefe", fue dictador de la República Dominicana desde 1930 hasta su asesinato en 1961. Su dictadura es considerada como una de las más brutales de América Latina, por sus frecuentes violaciones de los derechos humanos y la eliminación de las libertades civiles

Varias de esas dictaduras fueron estimuladas o protegidas por Estados Unidos, particularmente la de Somoza en Nicaragua. Estados Unidos ocupó militarmente a Nicaragua en 1912, lo que provocó el alzamiento de Augusto César Sandino, quien se convirtió en un símbolo de la soberanía de los pueblos hispanoamericanos frente a la intromisión imperialista de los Estados Unidos. Al retirarse las tropas norteamericanas de Nicaragua, Sandino depuso las armas. Fue asesinado en 1934 y el general Anastasio Somoza, para entonces jefe de la guardia nacional, se confesó como autor del asesinato. Somoza ejerció el mando absoluto en Nicaragua desde 1937 hasta 1956, sucediéndole su hijo Luis Somoza.

Augusto César Sandino (1895-1934) fue el líder, entre 1927 y 1933, de una rebelión contra la invasión norteamericana de Nicaragua. Fue asesinado en 1934 por las fuerzas de la Guardia Nacional, dirigida por el general Anastasio Somoza García, quien entonces dio un golpe de estado e inició una dictadura, prolongada por sus hijos, que sometió a Nicaragua por más de 40 años

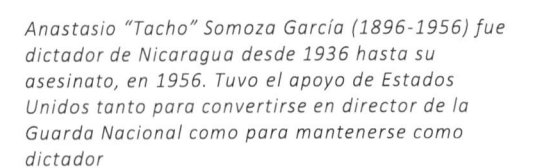

Anastasio "Tacho" Somoza García (1896-1956) fue dictador de Nicaragua desde 1936 hasta su asesinato, en 1956. Tuvo el apoyo de Estados Unidos tanto para convertirse en director de la Guarda Nacional como para mantenerse como dictador

Muchos escritores latinoamericanos han encontrado en los dictadores y sus regímenes temas para sus libros. Posiblemente inspirado en el régimen de Estrada Cabrera, o en cualquiera otra de esas dictaduras, Miguel Ángel Asturias escribió su famosa novela "El Señor Presidente" (1946). El historiador y periodista venezolano Ramón J. Velásquez publicó en 1979 "Confidencias Imaginarias de Juan Vicente Gómez". Mario Vargas Llosa ofreció en el 2000 su novela "La Fiesta del Chivo", sobre la dictadura de Trujillo en República Dominicana.

LA DEMOCRACIA EN ARGENTINA FRACASÓ POR LA DICTADURA POPULISTA DE PERÓN

Los gobiernos argentinos de comienzos del siglo XX, a partir del segundo mandato del general Julio A. Roca, realizaron una buena labor de reforma social y política, destacando el gobierno de Hipólito Yrigoyen (1916-1922), líder del partido Unión Cívica Radical, primer presidente elegido por el voto universal, secreto y obligatorio. Yrigoyen, aunque tan autocrático como cualquier otro caudillo, estableció una democracia representativa, con apoyo de la clase media, declaró la neutralidad argentina en la primera guerra mundial, nacionalizó los yacimientos de petróleo y amplió la legislación del trabajo. A pesar de condiciones económicas adversas, volvió a ser electo presidente en 1928, pero fue derrocado por un golpe militar en 1930. Se intentó regresar a la normalidad civil, pero en 1943 los militares asumieron nuevamente el poder, en un movimiento del que surgió el coronel Juan Domingo Perón.

Juan Domingo Perón (1895- 1974) fue presidente de Argentina entre 1946 y 1955, cuando fue depuesto por un golpe de estado. Su gobierno tuvo un carácter netamente populista, siendo elogiado por unos por sus esfuerzos por eliminar la pobreza y dignificar el trabajo, pero calificado por otros como un demagogo y dictador. El movimiento político que creó todavía se mantiene vigente en Argentina

Perón, acompañado de su esposa Evita, realizó una política apoyada en el pueblo, a la cual dio el nombre de justicialismo. A esta ideología, por su carácter nacionalista, se le han encontrado afinidades con el movimiento fascista italiano, por el cual Perón no ocultaba su simpatía. El gobierno populista de Perón fue ayudado por un auge en los mercados de los cereales y las carnes y por la cautivadora personalidad de Evita. Al deteriorarse esos mercados y morirse Evita (1952), el régimen se desintegró. Perón tuvo una conducta errática, hasta que un movimiento militar lo depuso en 1955.

EL POPULISMO TAMBIÉN SE IMPUSO EN PERÚ

Los casos de la revolución mexicana y Perón son representativos del populismo, un tipo de gobierno generalmente autoritario, que suele calificarse a sí mismo como revolucionario y que pretende mejorar la condición de los sectores populares a través de medidas proteccionistas, con resultados casi siempre insatisfactorios. El populismo latinoamericano, como alternativa a la dictadura y muchas veces confundido con ésta, apareció no sólo en México y Argentina sino también en otros países.

En Perú, el populismo estuvo representado en el movimiento encabezado por Víctor Raúl Haya de La Torre, y su partido Alianza Popular Revolucionaria Latinoamericana (APRA), fundado en 1924. Los apristas propiciaron el retorno de la tierra a las comunidades indígenas, una campaña de alfabetización de la población indígena y una legislación laboral progresista. Enfrentado con la oligarquía, Haya de La Torre fue derrocado en 1949, asilándose en la embajada colombiana en Lima.

EN BRASIL SURGIÓ LA DICTADURA DE GETULIO VARGAS

Hacia 1930, se sufrió el impacto de la crisis financiera mundial, pero luego se intensificó el proceso de desarrollo económico en la región. La industrialización realizó avances significativos a partir de 1935 y los países se transformaron de rurales a urbanos. Las funciones del Estado se incrementaron. Sin embargo, la inestabilidad política se generalizó y hasta en Brasil, donde la sucesión presidencial se había dado sin problemas desde 1889, a pesar de huelgas de cierta consideración y de las protestas y manifestaciones de 1922, fue derrocado en 1930 el doctor Washington Luiz Pereira, luego de una gran crisis cafetera. La causa fundamental de la caída de Washington Luiz fue haber burlado las reglas electorales de Brasil. Era ley no escrita que a un presidente del Estado de Sao Paulo le sucediese otro de Minas Gerais. Washington Luiz no respetó esta convención y apoyó a Julio Prestes de Sao Paulo contra Getulio

Vargas de Río Grande do Sul, apoyado por Minas Gerais. Prestes ganó la elección, pero Vargas se posesionó de la presidencia en una revolución incruenta.

Getulio Vargas (1882- 1954) fue presidente de Brasil, primero como dictador, entre 1930 y 1945, y luego democráticamente electo, entre 1951 y su suicidio en 1954. Su gobierno ha sido calificado como populista, ganándose el apodo de "El Padre del Pobre", pero logró industrializar y modernizar el país

Con Vargas se inicia una etapa de cambios profundos, denominada Estado Nuevo. Vargas ejercería el poder desde 1930 hasta 1945, cuando fue derrocado. En ese período impulso la industrialización de Brasil, con apoyo de los Estados Unidos, manteniendo al mismo tiempo un populismo político. Fueron años ambiguos, como lo era Getulio Vargas, de retroceso y de progreso. El Estado Nuevo se distinguió notablemente por sus grandes realizaciones de orden material. Durante la gestión de Vargas surgió un gran movimiento arquitectónico en Brasil, iniciado por una visita de Le Corbusier en 1936, cuyas principales realizaciones fueron el edificio del Ministerio de Educación en Río de Janeiro (1943) y, posteriormente, los edificios públicos de Brasilia, la nueva capital. Vargas fue derrocado por exceso de autoritarismo. El nuevo gobierno trató de volver a democratizar el país y regresar a la tradición liberal, lo que logró sólo parcialmente.

PARAGUAY Y BOLIVIA TUVIERON SU PROPIA GUERRA

En 1932 estalló la guerra de Paraguay con Bolivia, conocida con el nombre de guerra del Chaco, por cuestiones territoriales, y a la cual puso término la conferencia internacional de la paz, reunida en Buenos Aires en 1935. Se ha acusado a los imperialismos inglés y norteamericano de haber sido los instigadores directos del conflicto que degeneró en guerra sangrienta (murieron más de 100.000 personas), disputándose ambos las concesiones petroleras en Bolivia. La guerra terminó con el triunfo de Paraguay, a un costo demasiado alto, anexándose más de 200.000 kilómetros cuadrados de la región del Chaco, la mitad de su superficie actual.

EN GUATEMALA Y EN VENEZUELA SE VIVIERON TAMBIÉN PROCESOS REVOLUCIONARIOS

Entre 1931 y 1944 Guatemala estuvo gobernada por el general Jorge Ubico, quien se caracterizó por el constante irrespeto a la Constitución. Estudiantes, trabajadores y militares se unieron para derrocarlo en 1944. Los militares ejercieron el poder de manera transitoria, efectuándose elecciones a fines de ese año que fueron ganadas por Juan José Arévalo. Durante diez años, primero con el gobierno de Arévalo y luego con el de Jacobo Arbenz, se vivió un periodo de desarrollo político y económico del país, que incluyo una reforma agraria y otros beneficios para campesinos y trabajadores. En 1954, Arbenz fue derrocado por un golpe de estado promovido por los Estados Unidos.

Mientras tanto, en Venezuela a fines de 1935 murió el dictador Juan Vicente Gómez y fue sucedido por dos generales formados en su gobierno, primero Eleazar López Contreras y luego Isaías Medina Angarita, quienes trataron de modernizar y democratizar el país. Sin embargo, los dirigentes de los nuevos partidos políticos no estuvieron satisfechos con la gestión de estos gobiernos y sus pretensiones de seguir prolongando su poder. En octubre de 1945 se produjo un golpe de estado, denominado la Revolución de Octubre, que provocó la caída del gobierno de Medina, siendo sustituido por una junta cívico-militar encabezada por el dirigente socialdemócrata Rómulo Betancourt. El gobierno revolucionario intentó realizar varias reformas en el país, aunque fue acusado de ser demasiado sectario. Se modificó la Constitución y se efectuaron elecciones en 1948, ganadas por el escritor Rómulo Gallegos, del mismo partido de Betancourt, pero su gobierno tuvo una duración muy breve y fue removido por los mismos militares que habían apoyado a la revolución. En 1952 el gobierno militar se transformó en dictadura, encabezada por el general Marcos Pérez Jiménez.

LA SEGUNDA GUERRA MUNDIAL TRAJO CAMBIOS IMPORTANTES PARA LA REGIÓN

La Segunda Guerra Mundial (1939-1945) estimuló el crecimiento industrial de América Latina, debido a una mayor demanda externa. Al final de la guerra casi todos los países latinoamericanos habían fortalecido sus economías, sobre todo Brasil y México, aunque persistió la desigualdad social y Estados Unidos reafirmó su política intervencionista, aunque la política del buen vecino anunciada por Franklin D. Roosevelt en 1933 había mejorado las relaciones entre América Latina y los Estados Unidos. En 1947, Estados Unidos permitió elecciones libres en Puerto Rico, resultando electo Luis Muñoz Marín, líder del Partido Popular Democrático.

Las relaciones internacionales se organizaron en un sistema bipolar (Unión Soviética y Estados Unidos) y en 1948 se completó la transformación de la Unión Panamericana en un auténtico organismo regional, la Organización de Estados Americanos (OEA), encargada de dirigir la resistencia a cualquiera agresión externa al continente. Mientras tanto, el movimiento comunista se organizó en la región y surgieron nuevos partidos políticos, con diferentes orientaciones, en casi todos los países.

LA CULTURA Y EL DEPORTE PROGRESARON CONSIDERABLEMENTE

La cultura latinoamericana continuó su avance en la primera mitad del siglo XX, sobre todo en la literatura y las artes.

En la literatura sobresalieron: el nicaragüense Rubén Darío (1867-1916); el venezolano Rómulo Gallegos (1884-1969); el argentino Ricardo Güiraldes (1886-1927); el colombiano José Eustasio Rivera (1888-1928); la chilena Gabriela Mistral o Lucila Godoy (1889-1957), Premio Nobel de Literatura en 1945; el peruano César Vallejo (1895-1937); el guatemalteco Miguel Ángel Asturias (1899-1974); el argentino Jorge Luis Borges (1899-1986); y el chileno Pablo Neruda (1904-1973).

Alberto Silva Aristeguieta

Félix Rubén García Sarmiento, conocido artísticamente como Rubén Darío (1867-1916), fue un poeta nicaragüense que inició el movimiento modernista, con gran influencia en la literatura española de la primera mitad del siglo XX

Lucila Godoy, conocida como Gabriela Mistral (1889- 1957), poeta chilena, fue el primer latinoamericano en recibir el Premio Nobel de Literatura y la única mujer de la región que lo ha ganado hasta ahora

Jorge Luis Borges (1899- 1986) fue un escritor argentino, considerado uno de los más importantes en el mundo durante la primera mitad del siglo XX, particularmente por sus libros de relatos "Ficciones" y "El Aleph", publicados en la década de 1940

Además de los escritores, destacaron los pintores mexicanos Diego Rivera, José Clemente Orozco y David Alfaro Siqueiros, así como los músicos Carlos Chávez y Silvestre Revueltas, de México, Ernesto Lecuona de Cuba, Alberto Ginastera de Argentina y Heitor Villa-Lobos de Brasil.

También en el deporte se alcanzaron importantes éxitos, resaltando los dos triunfos de Uruguay en los cuatro campeonatos mundiales de fútbol que se disputaron entre 1930 y 1950.

CAPÍTULO 9. DONDE SE PROSIGUE LA NARRACIÓN DE LAS VICISITUDES DE LA DEMOCRACIA

"Las dictaduras podrían ser buenas, pero no lo son. Porque la dictadura ilustrada es una utopía. Y las militares son las peores"

Jorge Luis Borges

LA DEMOCRACIA SIGUIÓ AMENAZADA POR LAS DICTADURAS

La segunda mitad del siglo XX se caracterizó en América Latina por una lucha, aún no resuelta, entre la dictadura y la democracia representativa como formas de gobierno.

Las dictaduras del siglo XIX y de la primera mitad del siglo XX fueron casi todas actividades personales respaldadas por sectores militares o civiles. El militarismo, más propio de la segunda mitad del siglo XX, es la conversión institucional de las fuerzas armadas en un agente político, con un supuesto deber de asumir el poder ante la aparente incapacidad de la sociedad civil para gobernar o ante la necesidad de corregir las fallas de la democracia representativa. La experiencia histórica, sin embargo, demuestra de manera reiterada que las dictaduras militares sólo traen represión e interrumpen los procesos de modernización de las naciones, sin resolver ninguno de los problemas que pretenden corregir. Los casos más emblemáticos de dictaduras militares en América Latina, en la segunda mitad del siglo XIX, fueron los de la familia Somoza en Nicaragua, Marcos Pérez Jiménez en Venezuela, Gustavo Rojas Pinilla en Colombia, Alfredo Stroessner en Paraguay, Humberto de Alencar Castelo Branco en Brasil, Juan María Bordaberry en Uruguay y Augusto Pinochet en Chile, así como las diversas dictaduras militares en Argentina.

Los movimientos comunistas, inspirados y promovidos por la Unión Soviética y en parte por China, también representaron amenazas para la democracia. En algunos casos se trató de movimientos guerrilleros, como los de Fidel Castro en Cuba y los sandinistas en Nicaragua, que al apoderarse del poder se transformaron también en dictaduras, en otros de golpes de estado militares, como el de Velasco Alvarado en Perú, y más recientemente de movimientos políticos socialistas aparentemente democráticos, como los de Salvador Allende en Chile y Hugo Chávez en Venezuela, que al ganar las elecciones pretendieron gobernar por la fuerza y perpetuarse en el poder.

LOS MILITARES SE CONVIRTIERON EN ACTORES POLÍTICOS POR LA FUERZA

Continuando la tradición iniciada por Juan Domingo Perón en Argentina y Manuel Odría en Perú, entre otros, muchos militares latinoamericanos continuaron apoderándose del poder por la fuerza y gobernando de manera dictatorial, invocando generalmente causas de interés nacional para justificar sus acciones. La mayoría de esas dictaduras militares han sido calificadas como dictaduras de derecha, aunque también se han dado varios casos de dictaduras militares de izquierda, que analizaremos luego por separado.

Anastasio "Tacho" Somoza García, dictador de Nicaragua desde 1937, fue asesinado en 1956, pero sus hijos Luis Somoza DeBayle y Anastasio Somoza DeBayle continuaron, sucesivamente, como dictadores del país, hasta que el movimiento revolucionario sandinista depuso a este último en 1979. La dinastía Somoza se mantuvo 43 años en el poder, gobernando con mano de hierro y haciéndose inmensamente ricos de forma ilícita.

Marcos Pérez Jiménez, un militar venezolano, participó en el golpe de estado cívico- militar que derrocó al presidente Isaías Medina Angarita en 1945. Restablecida la democracia en Venezuela, dirigió en 1948 otro golpe, junto con el coronel Carlos Delgado Chalbaud, para derrocar al presidente Rómulo Gallegos. En 1952 asumió el control total del gobierno, iniciándose así una dictadura que terminó con su derrocamiento por un movimiento popular en 1958. Su gobierno se caracterizó por la construcción de importantes obras de infraestructura, pero también por la tortura y la aniquilación física de cualquier opositor.

Gustavo Rojas Pinilla, un general colombiano, dirigió un golpe de estado contra el presidente Laureano Gómez Castro en 1953. Al igual que Pérez Jiménez, Rojas

Pinilla se dedicó a construir obras de infraestructura hasta que fue derrocado en 1957 por una junta militar provisional, bajo grandes manifestaciones de rechazo popular.

El general paraguayo Alfredo Stroessner encabezó en 1954 un golpe de Estado en su país, estableciendo una dictadura militar que duró hasta 1989. Stroessner tuvo el respaldo de los Estados Unidos durante la mayor parte de su gobierno y, como Pérez Jiménez, Rojas Pinilla y muchos otros dictadores, simuló realizar elecciones presidenciales, ganándolas por abrumadora mayoría. Stroessner fue un firme anticomunista y justificó su dictadura como una forma de proteger a su país del comunismo. Aunque Paraguay disfrutó de cierta prosperidad económica durante su mandato, pagó un precio muy alto en lo que respeta a la violación de los derechos humanos y la falta de libertad de la prensa. En 1989, Stroessner fue derrocado por su colaborador y amigo, el general Andrés Rodríguez, quien gobernó a Paraguay hasta 1993, prolongando así la dictadura militar hasta casi 50 años.

En 1955, Perón fue derrocado en Argentina por un golpe militar, que se autoproclamó Revolución Libertadora. Los generales Eduardo Lonardi y Pedro Eugenio Aramburu fueron los dos dictadores sucesivos de la Revolución Libertadora, que entregó el poder en 1958 y fue conocida como la Revolución Fusiladora, debido a los militares y civiles fusilados en 1956 con motivo del levantamiento del general Juan José Valle. En 1966, el general Juan Carlos Onganía dirigió un golpe de estado, que se autodenominó Revolución Argentina, para derrocar al presidente Arturo Umberto Illía. El gobierno de Onganía se caracterizó por la dura represión de los levantamientos populares en su contra y por sus diferencias con otros militares, que terminaron deponiéndolo en 1970. Los generales Marcelo Levingston y Alejandro Lanusse ocuparon sucesivamente la presidencia hasta que entregaron el poder en 1973. En 1976, de nuevo los militares argentinos imponen una dictadura, esta vez derrocando a Isabel Perón, viuda de Perón, que había sido electa en 1974. La dictadura, ejercida por cuatro Juntas Militares que se sucedieron en el poder, asumió el nombre de Proceso de Reorganización Nacional y tuvo que llamar a elecciones en 1983, acosada por las crecientes protestas sociales, la presión internacional por las violaciones a los derechos humanos y la derrota en la guerra contra Inglaterra por el control de las islas Malvinas. En resumen, en los 28 años que transcurrieron entre 1955 y 1983, Argentina estuvo sometida a dictaduras militares durante 17 años; es decir, durante el 60 % de ese periodo. Las consecuencias de esas dictaduras no pudieron ser peores y deben recordarse como uno de los episodios más trágicos de la historia de América Latina.

Al gobierno populista de Joao Goulart, en Brasil, se le acusó de orientación comunista, lo que provocó la reacción de los sectores conservadores, con apoyo de los Estados Unidos, y fue derrocado por un golpe militar en 1964, encabezado por el mariscal Castelo Branco. El régimen que surgió del golpe provocó un retroceso en el proceso de modernización del país y ejerció una represión desconocida en Brasil, hasta que se volvió a la normalidad democrática en 1985.

Juan María Bordaberry, elegido democráticamente presidente de Uruguay en 1971, entró en conflicto con los militares y decidió entonces aceptar sus condiciones y dar un golpe de estado en 1973, iniciándose una dictadura cívico-militar que se extendió hasta 1985. En esa dictadura se prohibieron los partidos políticos, se ilegalizaron los sindicatos, se cerraron medios de prensa y se persiguió, encarceló y asesinó a los opositores al régimen. En las cárceles uruguayas se estima que murieron cerca de 200 prisioneros políticos.

Ante el fracaso económico del gobierno del presidente Salvador Allende en Chile, y su empeño en imponer un régimen socialista, los militares tomaron el poder en 1973, asumiendo el General Augusto Pinochet la jefatura del gobierno. Su dictadura duró hasta 1990. Pinochet se retiró tranquilamente, como Senador de la república, pero fue detenido y enjuiciado en 1998 por las numerosas violaciones de derechos humanos durante su dictadura.

Augusto Pinochet (1915-2006) fue un general chileno que asumió el poder

después del golpe de estado, apoyado por los Estados Unidos, contra el presidente Salvador Allende. Pinochet fue un dictador entre 1973 y 1990 y luego de entregar el poder siguió actuando como Comandante del Ejército y luego como Senador hasta que fue arrestado en Inglaterra, en 1998, por un proceso judicial internacional que se le siguió por las graves violaciones de los derechos humanos durante su gobierno. Sin embargo, Pinochet murió sin haber sido sentenciado por ninguno de los crímenes de los que se le acusó

La amenaza de las dictaduras militares en América Latina no ha cesado, pues como dijo un periodista de "Le Monde" en 1975: "El hombre con metralleta que utiliza el poder de una milicia o de un grupo de soldados para asegurar su empresa personal sobre una nación, aún no ha desaparecido totalmente".

LOS COMUNISTAS TAMBIÉN ESTABLECIERON DICTADURAS EN LA REGIÓN

Los comunistas, generalmente haciéndose del poder sin mostrar totalmente sus intenciones, buscaron diversas vías para lograr sus intereses. América Latina fue convertida desde la década de 1950 en una especie de laboratorio, en el que la Unión Soviética y en algunos casos China trataron de experimentar distintas fórmulas para imponer el comunismo en la región y los Estados Unidos, como se ya se ha analizado, reaccionaron apoyando dictaduras militares para preservar el capitalismo. La política de los Estados Unidos se guiaba entonces por la doctrina Johnson: "No permitiremos que en América Latina se establezca otro gobierno comunista aparte del de Castro en Cuba". Pero, desaparecida la Unión Soviética en 1989, Cuba siguió promoviendo el establecimiento de gobiernos comunistas en América Latina.

Los comunistas intentaron primero conquistar el poder estimulando la formación de movimientos guerrilleros. Por esa vía tuvieron éxito en Cuba y Nicaragua, pero fracasaron en Suramérica (Colombia, Venezuela y Perú).

En Cuba, un país altamente dependiente de los Estados Unidos en la primera mitad del siglo XX, se produjo un movimiento revolucionario encabezado por Fidel Castro, quien derrocó en 1959 al dictador Fulgencio Batista. El nuevo régimen se convirtió rápidamente en un experimento político comunista, destruyendo todo el sistema existente. El Partido Comunista asumió el poder absoluto, se decretó la reforma agraria y se nacionalizaron empresas y bancos, se estableció una alianza con la Unión Soviética y se rompieron relaciones con los Estados Unidos. Estados Unidos apoyo un ataque militar de contrarrevolucionarios en 1961 (Bahía de Cochinos), el cual fracasó por completo. Frente a los misiles norteamericanos instalados en la periferia de la Unión Soviética, Khrushchev decidió, con el apoyo de Castro, instalar misiles de corto y mediano alcance en Cuba; Estados Unidos detectó las bases y bloqueó la isla. Ambos super poderes se enfrentaron, pero desistieron de embarcarse en una guerra de incalculables consecuencias. El gobierno cubano intentó socializar el país siguiendo patrones soviéticos y apoyo tanto en América Latina como en África la insurgencia revolucionaria marxista. El Che Guevara, argentino que había desempeñado un papel importante en la revolución cubana, murió en Bolivia en 1967 en uno de los principales intentos de subversión latinoamericana promovidos por Cuba. A pesar de la caída del comunismo soviético y del fracaso económico de la revolución cubana, el régimen de Castro se sostuvo durante el resto del siglo.

Fidel Castro (1926- 2016), dirigió la insurrección contra el dictador Fulgencio Batista y ejerció el poder en Cuba durante casi 50 años, entre 1959 y 2008. Es una figura controversial, considerado por algunos como un héroe revolucionario, pero por otros como un dictador, irrespetuoso de los derechos humanos y las libertades civiles, y promotor, además, de la subversión del orden democrático en otros países de América Latina

En Colombia, a raíz del asesinato del candidato presidencial liberal Jorge Eliécer Gaitán, en 1948, se desató un periodo conocido como "la violencia", que se prolongó hasta la década de 1960, en el que se estima que murieron entre 200.000 y 300.000 personas. En esta época se iniciaron los movimientos guerrilleros, auspiciados por la Unión Soviética y China. Su actividad se prolongaría por el resto del siglo. Una alianza aparente entre la guerrilla y los traficantes de drogas mantuvo a ese país en estado de guerra, pero la democracia se sostuvo gracias al compromiso con este sistema tanto por parte de los liberales como de los conservadores colombianos.

En Venezuela, la actividad guerrillera se prolongó durante casi toda la década de 1960, hasta que sus dirigentes aceptaron someterse al proceso de pacificación conducido por el gobierno de Rafael Caldera (1969-1974).

En Nicaragua, los guerrilleros sandinistas derribaron la dictadura de Anastasio "Tachito" Somoza DeBayle en 1979. El nuevo régimen, encabezado por Daniel Ortega, confiscó las tierras poseídas por grandes terratenientes e intentó también establecer un sistema socialista en el país. Este último sería el más prolongado —once años- de los regímenes socialistas en América Latina durante la segunda mitad del siglo XX, aparte del de Cuba.

En Perú, el movimiento Sendero Luminoso, de orientación maoísta, sucesor de los grupos guerrilleros de influencia cubana, realizó actividades terroristas desde 1980. Más tarde apareció otro movimiento subversivo, que tomó el nombre de Túpac Amaru y recibió apoyo de Cuba y de los sandinistas de Nicaragua. A partir de la captura en 1992 de sus líderes, Abimael Guzmán de Sendero Luminoso y Víctor Polay Campos del movimiento Túpac Amaru, la actividad de esos grupos subversivos disminuyo notablemente.

Otra vía que intentaron los comunistas para imponerse fue la de promover o apoyar un golpe militar. En 1968, un movimiento militar en Perú, encabezado por el general Juan Velasco Alvarado, proclamó la "revolución nacional", nacionalizó el segundo banco más grande del país y entregó dos grandes periódicos a los comunistas, aunque también contrató la explotación del cobre a un grupo de empresas estadounidenses.

Luego de probar con la insurrección guerrillera y los golpes militares, los comunistas intentaron hacerse del poder por la vía electoral.

Salvador Allende, electo democráticamente Presidente de Chile en 1970, intentó establecer un régimen socialista en ese país, pero fue derrocado por el golpe militar encabezado por Augusto Pinochet en 1973. Allende fracasó víctima de la fuerte oposición de la clase alta, la caída de los precios del cobre y sus equivocadas políticas económicas; también los Estados Unidos ayudaron a derrocarlo.

Alberto Silva Aristeguieta

Salvador Allende (1908- 1973) fue electo presidente de Chile en 1970 e intentó imponer un régimen socialista, tropezando con una fuerte oposición hasta que las Fuerzas Armadas lo derrocaron en 1973. Allende se suicidó durante el asalto al palacio presidencial de La Moneda

Hugo Chávez, quien había fracasado como líder de un golpe de estado en 1992, ganó las elecciones presidenciales en 1998. No tardó mucho en manifestar sus intenciones de imponer un sistema socialista y perpetuarse en el poder. El apoyo del régimen de Fidel Castro fue decisivo para alcanzar sus propósitos y sostenerse en el gobierno.

BOLIVIA TAMBIÉN TUVO SU REVOLUCIÓN

Posiblemente inspirada en la revolución mexicana de 1910 y en las revoluciones de Guatemala y Venezuela de 1944 y 1945, respectivamente, en 1952 tuvo lugar la Revolución Boliviana, impulsada por el Movimiento Nacionalista Revolucionario (MNR). El gobierno del MNR realizó cambios radicales en la propiedad de las tierras y la explotación minera y promovió la participación política de la masas indígenas y campesinas, que constituían la mayoría de la población del país. Víctor Paz Estenssoro fue el principal dirigente de esta revolución, junto con Hernán Siles Suazo. Paz Estenssoro gobernó entre 1952 y 1956 y luego entre 1960 y 1964, año en el que fue derrocado por un golpe de estado. El país fue gobernado por los militares hasta que en 1979 se pudieron celebrar elecciones nuevamente. Paz Estenssoro fue candidato en esas elecciones, pero no resultó ganador; sin embargo, en 1985 si triunfó y gobernó por tercera vez a Bolivia, hasta 1989.

EL PRI SE MANTUVO EN EL PODER EN MÉXICO HASTA FINES DEL SIGLO XX

México es apenas uno de los dos países latinoamericanos (el otro es Costa Rica), que no experimentaron dictaduras en la segunda mitad del siglo, aunque para algunos su régimen no fue realmente democrático. El gobierno mexicano, después de impulsar la reforma social en la primera mitad del siglo XX, se dedicó con mayor énfasis al desarrollo económico a partir de la Segunda Guerra Mundial, aunque con altibajos debido a la fluctuación de los precios del petróleo y a la enorme deuda externa que contrae, confiado en los precios altos de ese producto. El Partido Revolucionario Institucional (PRI), que gobernó a México desde la revolución, continuó imponiendo sus candidatos a la Presidencia, aunque se debilitó considerablemente a fines de siglo, principalmente por serias acusaciones de corrupción contra sus principales gobernantes. Los disturbios estudiantiles de Tlatelolco, en la ciudad de México (1968), violentamente reprimidos, fueron el punto de partida de una toma de conciencia sobre la necesidad de reformas políticas y sociales en México y el agotamiento del régimen del PRI. Finalmente, en las elecciones de 2000 resultó electo Presidente Vicente Fox, candidato de una alianza de oposición. Ernesto Zedillo fue el último de la larga sucesión de mandatarios pertenecientes al PRI.

ESTADOS UNIDOS CONTINUÓ INTERVINIENDO, PERO DE MANERA DIFERENTE

Con la caída del comunismo soviético y el fin de la guerra fría, entre 1989 y 1991, se produjo un cambio en la política norteamericana en la región, apoyando ahora gobiernos democráticos. Estados Unidos, convertida en la potencia indiscutible del mundo, siguió interviniendo en defensa de sus nuevos intereses, por ejemplo, en Panamá en 1989, para derrocar el régimen del general Manuel Antonio Noriega, pero cuando lo hizo luego, como en Haití en 1993, encabezó una fuerza multinacional designada por la Organización de las Naciones Unidas para restaurar la democracia.

LA REGIÓN SIGUIÓ SIN LOGRAR UN DESARROLLO ESTABLE

El drama de América Latina no es el de un retraso que pudiera ser superado progresivamente: es el de la constante fluctuación entre desarrollo y subdesarrollo, estados que se definen no sólo con respecto a los demás países del mundo, sino también en el seno de cada sociedad.

Al terminar el siglo XX, el 20% más rico de los países de América Latina (México, Chile, Argentina y Venezuela) tenía ingresos per cápita similares a los de Hungría y Eslovaquia, mientras que el 20% más pobre (Bolivia, Honduras, Nicaragua y Haití) tenía ingresos per cápita cuatro veces menores, equivalentes a los de Angola, China, Indonesia y Filipinas. Entre los individuos las diferencias eran mucho más grandes, alcanzando el mayor desequilibrio de todas las regiones del mundo, pues el 20% más rico de los habitantes de América Latina tenía ingresos per cápita superiores a los del promedio en España, Portugal o Israel y cercanos a los de Italia, Finlandia o Nueva Zelanda, mientras que el 20% más pobre tenía ingresos per cápita casi veinte veces inferiores, equivalentes a los de Gambia, Zambia o Sudán.

Hasta 1950 el crecimiento demográfico constituyó un aliciente para el desarrollo económico; en la segunda mitad del siglo XX se convirtió en un obstáculo. La población de la región pasó de poco más de 160 millones de personas en 1950 a 500 millones en el año 2000, de los cuales 200 millones eran pobres y más de 250 millones eran menores de 20 años. La preocupación por el crecimiento y empobrecimiento de las ciudades, en forma violenta e irracional, es permanente. Al final del siglo, cada una de las áreas metropolitanas de Ciudad de México, Sao Paulo, Buenos Aires y Río de Janeiro superaba los 10 millones de habitantes y se ubicaba entre las 20 ciudades más populosas del mundo. Lima, Bogotá, Santiago de Chile y Caracas son también ciudades que han crecido desmesuradamente.

A pesar del proceso de industrialización, a fines del siglo XX América Latina era todavía una proveedora de materias primas (petróleo y sus derivados, café, bananas, azúcar, cobre y algodón) para la industria y el comercio de los grandes países desarrollados, especialmente los Estados Unidos y Europa. Aunque Brasil y México destacaban por su potencialidad, actividad industrial y diversificación de exportaciones, ningún país había logrado alcanzar estabilidad económica y financiera y la deuda externa superó los 750.000 millones de dólares en el año 2000, equivalente al 50% del producto interno bruto anual de la región.

El crecimiento económico de América Latina, que había sido sostenido desde 1950, se estancó en la década de 1980 (llamada "la década perdida"), debido a equivocadas políticas de sustitución de importaciones, excesivo endeudamiento externo y fracaso del sistema educativo. Sin embargo, en la última década del siglo, algunos países latinoamericanos (Brasil, México, Argentina y Chile, principalmente) lograron cierta recuperación gracias a programas de privatización y otras reformas políticas y económicas importantes.

LA CULTURA Y EL DEPORTE SIGUIERON PROGRESANDO

La cultura continuó siendo el elemento de mayor valor en la realidad latinoamericana. El guatemalteco Miguel Ángel Asturias, el chileno Pablo Neruda, el colombiano Gabriel García Márquez y el mexicano Octavio Paz ganaron el Premio Nobel de Literatura en 1967, 1971, 1982 y 1990, respectivamente. Cuatro Premios Nobel en un periodo de veintitrés años son indicativos del buen momento que vivió la literatura latinoamericana. La chilena Gabriela Mistral lo había ganado en 1945.

Miguel Ángel Asturias (1899- 1974) fue un escritor guatemalteco que ganó el Premio Nobel de Literatura en 1967. Sus novelas "Hombres de Maíz" y "El Señor Presidente" son consideradas excelentes análisis de la cultura maya y de los dictadores latinoamericanos, respectivamente

Ricardo Eliecer Neftalí Reyes Basoalto, conocido artísticamente como Pablo Neruda (1904-1973), fue un poeta chileno que ganó el Premio Nobel de Literatura en 1971. A pesar de su rol como activista político, adscrito al Partido Comunista, Neruda ha sido apreciado por personas de todos los sectores como uno de los poetas más grandes del siglo XX

Gabriel García Márquez (1927- 2014), fue un escritor colombiano que ganó el Premio Nobel de Literatura en 1982. Su obra cumbre, "Cien años de soledad", es considerada por muchos críticos como la mejor novela latinoamericana de todos los tiempos

Alberto Silva Aristeguieta

Octavio Paz (1914- 1998) fue un escritor mexicano que ganó el Premio Nobel de Literatura en 1990. Es considerado uno de los poetas más grandes del mundo hispano en todos los tiempos y un escritor muy influyente en el siglo XX. Entre muchas obras importantes, destaca su ensayo "El Laberinto de la Soledad", un análisis de México y de la personalidad mexicana

Otros escritores latinoamericanos destacados, aparte de Mistral, Asturias, Neruda, García Márquez y Paz y de Borges, cuya presencia dominó casi todo el siglo, fueron el cubano Alejo Carpentier (1904-1980), el brasileño Joao Guimarães Rosa (1908-1967), el argentino Julio Cortázar (1914-1984), los mexicanos Juan Rulfo (1918-1986) y Carlos Fuentes (1929- 2012) y el peruano, nacionalizado español, Mario Vargas Llosa (1936). Además, la pintura y la música popular latinoamericanas adquirieron importante relevancia internacional.

En el deporte también sobresalieron los latinoamericanos. El brasileño Pelé y el argentino Diego Armando Maradona fueron considerados los mejores jugadores de fútbol de todos los tiempos y tres equipos suramericanos (Brasil, Argentina y Uruguay) ganaron siete de los trece campeonatos mundiales de fútbol disputados entre 1950 y 2000.

Edson Arantes do Nascimento, mejor conocido como Pelé, es un futbolista brasileño nacido en 1940 y considerado por muchos como el mejor jugador de todos los tiempos

El argentino Juan Manuel Fangio fue el principal ganador en la década de 1950 y uno de los más grandes campeones de automovilismo en todo el siglo. El cubano Javier Sotomayor estableció el récord mundial de salto alto en 1993 (2,45 metros). Los jugadores latinoamericanos fueron figuras indiscutibles en el béisbol de Grandes Ligas en los Estados Unidos, encabezados por los puertorriqueños Roberto Clemente y Orlando Cepeda, el dominicano Juan

Marichal, el venezolano Luis Aparicio, el panameño Rod Carew y el cubano Tony Pérez, todos ellos exaltados al Salón de la Fama de ese deporte.

Diego Armando Maradona, un futbolista argentino nacido en 1960, es considerado junto con Pelé como uno de los dos mejores jugadores del siglo XX

Alberto Silva Aristeguieta

CAPÍTULO 10. QUE TRATA DE LOS ENORMES RETOS DEL PRESENTE SIGLO

"En América Latina hemos logrado acabar con las dictaduras militares y establecer regímenes democráticos, pero la gente les exige más a las democracias"

Carlos Fuentes

SIGUE LA DESCONFIANZA EN EL SISTEMA POLÍTICO

El siglo XXI es todavía muy joven y sólo se pueden realizar observaciones preliminares sobre lo que está pasando y puede pasar en América Latina. Sin embargo, en este capítulo se presenta un balance con la información disponible a la fecha de publicación de este libro, transcurridos tres lustros de este siglo.

Afortunadamente, al comenzar el siglo XXI, en la mayoría de los países de la región se mantienen sistemas democráticos, con alternancia de partidos políticos en el poder en muchos de ellos. No obstante, la corrupción administrativa se ha transformado en una amenaza importante para la estabilidad política de América Latina. En Chile, en 2006, varios dirigentes políticos admitieron que casi todos los partidos que han gobernado recientemente en ese país financiaron sus campañas políticas empleando fondos fiscales. El presidente de Honduras, José Manuel Zelaya, fue derrocado en 2009 por un golpe de estado, tras el cual se comprobaron numerosos actos de corrupción ocurridos en su gobierno. A fines de 2015, el presidente de Guatemala, Otto Pérez Molina, renunció y acabó con detención preventiva por cargos de corrupción, por su participación en una red de sobornos y fraude aduanal y la ex vicepresidenta, Roxana Baldetti, fue acusada de lavado de dinero. También a fines de 2015, el expresidente de Panamá, Ricardo Martinelli, fue acusado de utilizar fondos públicos para espiar ilegalmente a muchos personajes de su país y de cometer otros actos de corrupción; se refugió en Estados Unidos, donde enfrenta un proceso de extradición solicitado por la República de Panamá. A comienzos de 2016, la ex presidenta de Argentina, Cristina Fernández de Kirchner, fue procesada por un acto de corrupción y se investigan muchos otros casos de este tipo tanto en su gobierno como en el de su esposo, Néstor Kirchner. En Brasil, la presidenta Dilma Roussef fue removida de su cargo y el expresidente Lula Da Silva fue sometido a juicio por su relación con en el escándalo de corrupción en la empresa petrolera estatal Petrobras.

Como aspecto positivo a destacar, los movimientos guerrilleros han cesado en la región. El gobierno de Colombia, presidido por Juan Manuel Santos, y las Fuerzas Armadas Revolucionarias de Colombia (FARC) acordaron poner fin a una guerra de 50 años que dejó 200.000 muertos.

Aunque en lo que va del siglo no han surgido dictaduras militares en América Latina, en algunos países prácticamente existe una dictadura de hecho, ya que en ellos no hay alternabilidad en el gobierno ni equilibrio real de poderes y en muchos casos la libertad de prensa y otras libertades civiles están severamente restringidas.

En Cuba, todo el poder ha estado concentrado, por la fuerza, en los hermanos Fidel y Raúl Castro y el Partido Comunista. El régimen ha sido acusado de aplicar torturas, detenciones arbitrarias y ejecuciones extrajudiciales y de restringir la libertad de expresión, la libertad de asociación, la libertad de circulación, la libertad de ideas, los derechos políticos, las elecciones y la independencia del Poder Judicial. Más de 20 % de los cubanos se han ido de la isla desde que comenzó la revolución. Los defensores de la revolución cubana argumentan que se eliminó la concentración de poder económico y político en un grupo reducido, se le dio todo el poder al pueblo y se mejoraron las condiciones de educación y salud para toda la población.

En Venezuela, todo el poder ha estado concentrado en Hugo Chávez y luego en Nicolás Maduro, así como en el Partido Socialista Unido de Venezuela (PSUV). Chávez y Maduro han secuestrado todos los poderes e impuesto un regimen de control absoluto sobre toda la actividad de la población. Despidieron, por razones políticas, a más de 18.000 trabajadores de la empresa petrolera estatal PDVSA y confiscaron o anularon las empresas privadas, al punto de que han destruido prácticamente toda la capacidad productiva del país. Además, se estima que más de 100.000 millones de dólares de fondos públicos han sido sustraídos por actos de corrupción de toda índole por parte de políticos y militares chavistas y otras personas vinculadas al régimen. Como consecuencia de la mala gestión de gobierno, los servicios públicos (luz, agua, etc.) no funcionan, los alimentos y las medicinas no alcanzan para satisfacer las necesidades de la población y la inseguridad personal se incrementa a un ritmo acelerado. Más de 5 % de la población se ha visto en la necesidad de emigrar y muchos otros desearían poder hacerlo. La amplia victoria de la oposición en las elecciones legislativas de 2015 no ha podido corregir esa situación, pues el régimen ha utilizado al Poder Judicial para bloquear cualquier iniciativa de la Asamblea Nacional. Además, el gobierno mete en la cárcel al disidente que se le antoje, haciendo uso también de su dominio sobre el Poder Judicial. A pesar de la dificultad de ocultar una crisis tan evidente, el gobierno sigue insistiendo en que se ha fortalecido la democracia, realizándose numerosas elecciones y referendos y creándose organizaciones comunales, se ha reducido la pobreza, se ha incrementado el gasto social, se ha reducido la desigualdad, se ha incrementado la matrícula escolar y universitaria, se erradicó el analfabetismo, se redujo la desnutrición, se aumentaron los servicios de salud y se redujo el desempleo, entre otros beneficios de la llamada revolución bolivariana.

Hugo Chávez (1954-2013) fue un militar y político venezolano que ejerció la presidencia de su país desde 1999 hasta su muerte, en 2013. Como otras figuras controversiales de su tipo, es considerado por algunos como un héroe revolucionario anti- imperialista y por otros como un autócrata irresponsable, que provocó el colapso político, económico y social de Venezuela

En Bolivia, Ecuador y Nicaragua se han mantenido en la presidencia, sin ninguna alternabilidad democrática, Evo Morales, Rafael Correa y Daniel Ortega, respectivamente. La alternancia en el poder no es una condición suficiente, pero si es una condición necesaria para la democracia. Aunque se lleven a cabo elecciones y se reelijan a los gobernantes, es conveniente que estos no se perpetúen en el poder. Además, muchas veces existen mecanismos reprobables que suelen utilizar los gobiernos no democráticos para prolongar su mandato. Por ejemplo, el gobierno de Evo Morales ha sido acusado de coartar la libertad de expresión y perseguir a los opositores. En un referendo popular, efectuado a comienzos de 2016, se le negó a Evo Morales la posibilidad de reelegirse para un cuarto mandato, pero su partido, el Movimiento al Socialismo (MAS), sigue ejerciendo el control político del país. El gobierno de Rafael Correa ha sido acusado de violar la Constitución, incumplir con la división de poderes y restringir la libertad de expresión, la libertad para organizarse y la libertad para protestar pacíficamente. En el gobierno de Daniel Ortega también ha habido señalamientos de deterioro de la democracia, debido a la falta de condiciones para realizar elecciones verdaderamente libres, la falta de participación política de la ciudadanía y la realización de fraudes electorales, así como limitaciones a las libertades civiles y al funcionamiento de los poderes públicos; también se ha protestado su reelección, por considerarla inconstitucional. Estos gobiernos, aparte de negar las acusaciones que se les han hecho, se defienden argumentando principalmente que han realizado importantes avances sociales en beneficio del pueblo.

En resumen, la corrupción administrativa y la existencia de regímenes autoritarios, personalistas, con excesiva concentración de poder en los mandatarios, hacen que los ciudadanos pierdan confianza en la democracia como sistema político. Más de 50 % de los latinoamericanos opinan que las elecciones no son limpias y más del 60 % están insatisfechos con la democracia en sus países.

LA ECONOMÍA SE HA DEBILITADO

Los países latinoamericanos se caracterizan por una gran diversidad en muchos aspectos, pero sobre todo en el económico. Brasil y México son los países más grandes de la región y también los que tienen perspectivas de situarse entre las economías más poderosas del mundo, aunque Brasil ha detenido su crecimiento económico debido a la crisis política y a otros factores. Las demás economías de la región son muy débiles y poco significativas en el contexto internacional.

Aunque a principios del siglo XX la región tuvo, en general, un buen crecimiento económico, en la segunda década del siglo la situación cambió y se mantiene, en el mejor de los casos, con modestas tasas de crecimiento. México y los países de Centroamérica han mantenido algún crecimiento, pero no ha ocurrido así con los países de Suramérica, sobre todo Brasil y Venezuela, que lo han detenido. La inflación ha afectado también a varios países suramericanos, particularmente a Venezuela, Argentina, Brasil y Uruguay. En casi todos los demás países, afortunadamente, la inflación anual se ha mantenido por debajo del 5 %. También la deuda pública de los países de la región se ha reducido considerablemente en este siglo, con excepción de Brasil, cuya deuda pública superó en 2014 el 60 % de su producto interno bruto (PIB).

Los principales retos económicos de la región se relacionan con los precios de las materias primas, las tasas de interés en los Estados Unidos, la desaceleración económica mundial y las crisis políticas internas. Todos estos factores están afectando negativamente a la economía latinoamericana. Las materias primas (petróleo, gas, minerales, productos agrícolas, etc.), que constituyen la principal fuente de ingresos de la mayoría de los países de la región, han experimentado caídas significativas en sus precios. El aumento en las tasas de interés de los Estados Unidos, aunque moderado, conducirá a que los países latinoamericanos vean reducirse las inversiones extranjeras y deban aumentar sus tasas de interés o devaluar sus monedas. La economía mundial ha ido frenando también su crecimiento, incluyendo el de China, afectando negativamente el comercio internacional y las compras a los países latinoamericanos. Las crisis políticas internas también influyen negativamente en el crecimiento económico; ese ha sido el caso de Brasil, Argentina y Venezuela en lo que va de siglo.

Aparte de procurar una mayor estabilidad política interna, diversos estudios muestran que, para aumentar el potencial económico e incrementar la productividad en América Latina, hace falta más inversión privada y extranjera, así como la integración del sector informal en prácticas de negocio a mayor escala y más modernas.

LA POBREZA NO CEDE Y LA INSEGURIDAD AUMENTA

La pobreza, que había disminuido en la primera década del presente siglo, sigue aumentando en América Latina. Se estima que alrededor del 30 % de la población de la región vive en situación de pobreza y más de 10 % sufre extrema pobreza o indigencia. Uruguay, Chile y Costa Rica son los países en los que hay menos pobreza, pero en los demás países, sobre todo en Paraguay, Bolivia,

Honduras, Guatemala, Nicaragua, El Salvador y Haití, la situación es mucho menos favorable en cuanto a pobreza y desarrollo humano en general. Las comunidades indígenas y los afrodescendientes son los grupos sociales más vulnerables.

La mayoría de los expertos y de los organismos que estudian el problema de la pobreza coinciden en que mejorar la educación y el empleo, así como realizar programas directos de combate a la pobreza, son las acciones que pueden permitir disminuir la pobreza en la región.

Pero no sólo la pobreza es un gran problema social en América Latina. La inseguridad personal es otro gran flagelo para los latinoamericanos. El crimen organizado y las tasas de homicidios aumentan cada año. Algunos países, como Honduras, Venezuela, El Salvador y México, figuran entre los que tienen mayores tasas de homicidios en el mundo. En muchas encuestas de opinión pública, el problema más importante del país es la seguridad pública y la delincuencia. Son muchas las razones que se dan para esta situación: el tráfico de drogas, la impunidad, la inexistencia de una educación pública de calidad, la crisis de la institución familiar, el fracaso de la justicia, las cárceles como escuela de criminalidad, la corrupción e ineficacia policial, el tráfico de armas, la cultura de violencia, etc.

Como consecuencia de las crisis políticas, la falta de empleo y la inseguridad personal, entre otros factores, muchos latinoamericanos han decido emigrar, sobre todo hacia los Estados Unidos y Canadá, debido a su proximidad geográfica y su fuerza económica. La mayor parte de los latinoamericanos que han emigrado a Estados Unidos son mexicanos, pero personas de todos los demás países de la región están emigrando también. Se habla incluso de un proceso de hispanización de los Estados Unidos, en el que para el año 2050 los "hispanos" pueden representar entre 25 y 30 % de la población total de ese país; en estados como Nuevo México, California y Texas la mayoría de la población será de origen hispano. Por supuesto, una migración de esa magnitud tendrá cada vez más un mayor impacto tanto en la política como en la cultura de los Estados Unidos.

Alberto Silva Aristeguieta

LA CULTURA Y EL DEPORTE PROGRESAN MODERADAMENTE

La literatura latinoamericana pareciera estarse quedando algo rezagada en el contexto internacional. El escritor peruano – español Mario Vargas Llosa recibió el Premio Nobel de Literatura en 2010, pero lo ganó por su obra en el siglo pasado. El colombiano Álvaro Mutis, el argentino Juan Gelman, los chilenos Gonzalo Rojas y Nicanor Parra y los mexicanos Sergio Pitol, José Emilio Pacheco, Elena Poniatowska y Fernando del Paso recibieron el Premio Cervantes entre 2001 y 2015, pero también por su obra literaria durante el siglo XX. Quizás el más destacado de la literatura latinoamericana en lo que va de siglo sea el escritor cubano Leonardo Padura, quien recibió el Premio Princesa Asturias de las Letras en 2015 y ha publicado varias de sus novelas más importantes después del 2002. El escritor colombiano Juan Gabriel Vásquez también ha recibido varios premios por su novela "El ruido de las cosas al caer" (2011).

Mario Vargas Llosa, escritor peruano nacionalizado español, nació en 1936 y recibió el Premio Nobel de Literatura en 2010. Además de su gran obra literaria, Vargas Llosa ha mostrado mucha preocupación por los problemas políticos y sociales contemporáneos de América Latina, por lo que es considerado el escritor latinoamericano más influyente en el presente siglo

En otro plano, un acontecimiento importante ha sido la designación, en 2013, del cardenal argentino Jorge Mario Bergoglio como Papa de la Iglesia Católica. Bergoglio tomó el nombre de Francisco y está impulsando reformas que parecían necesarias, aunque enfrenta un alto grado de resistencia por parte de los sectores más conservadores.

Jorge Mario Bergoglio, sacerdote argentino nacido en 1936, fue elegido Papa de la Iglesia Católica en 2013, tomando el nombre de Francisco. Su mandato se ha caracterizado por su énfasis en la humildad, la confianza en la misericordia de Dios, la preocupación por los pobres y la atención a los problemas de la familia

En lo que respecta al fútbol, Argentina, Brasil, Chile, Colombia y Uruguay se ubican entre las mejores selecciones nacionales en el ranking mundial, el argentino Lionel Messi ha sido considerado el mejor jugador del mundo desde 2009 y muchos otros latinoamericanos figuran entre los mejores en las distintas ligas de Europa, pero sólo Brasil, en 2002, pudo ganar una de las cuatro Copas del Mundo que se han disputado en lo que va del presente siglo.

Lionel Messi, un futbolista argentino nacido en 1987, es considerado por muchos como el mejor jugador en lo que va del siglo XXI

En cuanto al béisbol, la participación de jugadores latinoamericanos en las grandes ligas ha ido en aumento, representando cerca de 30 % del total, pero sólo dos peloteros latinoamericanos, el puertorriqueño Roberto Alomar y el dominicano Pedro Martínez, han sido exaltados al Salón de la Fama en lo que va de siglo, equivalente apenas al 6 % del total de elegidos en este periodo.

LA POBLACIÓN SIGUE CRECIENDO

Aunque la tasa de crecimiento demográfico está disminuyendo, se estima que la población crecerá de 500 millones en el 2000 a 750 o más millones de habitantes para el año 2050, de los cuales alrededor de 70 % serán económicamente activos. Brasil seguirá siendo el país más poblado de la región, con aproximadamente el 30 % de la población total. Brasil y México sumados representarán alrededor de la mitad de la población total de América Latina y ambos estarán entre las diez economías más grandes del mundo. La población seguirá envejeciendo, pues la esperanza de vida sigue en aumento, y se estima que para el 2050 superará los 82 años. El 85 % de las personas vivirán en centros urbanos. Que sean más felices dependerá de que se logren superar los grandes problemas que se han mencionado en este capítulo.

BIBLIOGRAFÍA

BIBLIOGRAFÍA GENERAL

AMORES, Juan Bosco, "Historia de América", Editorial Ariel, 2006

BAKEWELL, Peter, "A History of Latin America", Blackwell History of the World, Wiley- Blackwell, 2nd Edition, 2003

BETHELL, Leslie (Editor), "The Cambridge History of Latin America", Cambridge University Press, 12 volumes, 2008

CHASTEEN, John Charles, "Born in Blood & Fire: A Concise History of Latin America", 3rd Edition, W. W. Norton & Company, 2011

EAKIN, Marshall C., "The History of Latin America: Collision of Cultures", 1st Edition, Palgrave Essential Histories, Palgrave Macmillan, 2007

FERNANDEZ- ARMESTO, Felipe, "Las Américas: Una Historia Hemisférica", Editorial Debate, 2014

HALPERIN DONGHI, Tulio, "Historia Contemporánea de América Latina", 13ª Edición, Alianza Editorial, 2005

KEEN, Benjamin y HAYNES, Keith, "A History of Latin America", 9th Edition, Cengage Learning, 2012

MALAMUD, Carlos, "Historia de América", 2ª Ed. Actualizada, Alianza Editorial, 2010

UNESCO, "Historia General de América Latina", 9 Vols., 2006

WILLIAMSON, Edwin, "The Penguin History of Latin America", Revised Edition, Penguin Books, 2010

ARGENTINA

BROWN, Jonathan C., "A Brief History of Argentina", Facts on File, Inc., 2nd Edition, 2011

LEWIS, Daniel K., "The History of Argentina", Greenwood Histories of the Modern Nations, St. Martin's Griffin, 1st Edition, 2003

YANKELEVICH, Pablo, Coordinador, "Historia Mínima de Argentina", El Colegio de México, 2014

BOLIVIA

    KLEIN, Herbert S., "A Concise History of Bolivia", Cambridge University Press, 2nd Edition, 2011

    MORALES, Waltraud Q., "A Brief History of Bolivia", Facts on File, Inc., 2nd Edition, 2010

BRASIL

    FAUSTO, Boris y FAUSTO, Sergio, "A Concise History of Brazil", Cambridge University Press, 2nd Edition, 2014

    LEVINE, Robert M., "The History of Brazil", Greenwood Histories of the Modern Nations, St. Martin's Griffin, 1st Edition, 2003

CENTROAMÉRICA

    FOSTER, Lynn V., "A Brief History of Central America", Checkmark Books, 2nd Edition, 2007

    PASTOR, Rodolfo, "Historia Mínima de Centroamérica", El Colegio de México, 2012

    PEARCY, Thomas L., "The History of Central America", Palgrave Essential Histories Series, St. Martin's Griffin, 1st Edition, 2006

    PEREZ BRIGNOLI, Héctor, "Breve Historia de Centroamérica", Alianza, 2013

CHILE

    RECTOR, John L., "The History of Chile", Palgrave Essential Histories Series, St. Martin's Griffin, 1st Edition, 2005

    SAGREDO BAEZA, Rafael, "Historia Mínima de Chile", El Colegio de México, 2014

COLOMBIA

    BUSHNELL, David, "The Making of Modern Colombia: A Nation in Spite of Itself", University of California Press, 1994

    MEJIA PAVONY, Germán y LAROSA, Michael J., "Historia Concisa de Colombia (1810- 2013)", Editorial de la Pontificia Universidad Javeriana, 2014

CUBA

STATEN, Clifford L., "The History of Cuba", Palgrave Essential Histories Series, St. Martin's Griffin, 1st Edition, 2005

SUCHLICKI, Jaime, "Breve Historia de Cuba", Ediciones Idea, 2009

THOMAS, Hugh, "Cuba: A History", Penguin Books, 2010

ZANETTI, Oscar, "Historia Mínima de Cuba", El Colegio de México, 2013

ECUADOR

SALVADOR LARA, Jorge, "Breve Historia Contemporánea del Ecuador", Fondo de Cultura Económica de España, 3ª Edición, 2011

HAITÍ

DUBOIS, Laurent, "Haiti: The Aftershocks of History", Picador, 2013

GIRARD, Phillippe, "Haiti: The Tumultuous History- From Pearl of the Caribbean to Broken Nation", St. Martin's Griffin, 2010

MÉXICO

ESCALANTE GONZALBO, Pablo y otros autores, "Nueva Historia Mínima de México", El Colegio de México, 2004

KIRKWOOD, Burton, "The History of Mexico", St. Martin's Griffin, 2005

VASQUEZ VERA, Josefina Z. y otros autores, "Historia General de México", El Colegio de México, 2007

PANAMÁ

HARDING, Robert C., "The History of Panama", The Greenwood Histories of the Modern Nations, Greenwood, 2006

PARAGUAY

LAMBERT, Peter y NICKSON, Andrew (Editores), "The Paraguay Reader: History, Culture, Politics", Duke University Press Books, 2012

PERÚ

CONTRERAS, Carlos y ZULOAGA, Marina, "Historia Mínima de Perú", El Colegio de México, 2014

HUNEFELDT, Christine, "A Brief History of Peru", Facts on File, Inc., 2nd Edition, 2010

REPÚBLICA DOMINICANA

MOYA PONS, Frank, "Historia de la República Dominicana", Doce Calles, 2010

URUGUAY

MENDEZ VIVES, Enrique, "500 Años - Lo Esencial de la Historia Uruguaya", Ediciones de la Banda Oriental, 2014

VENEZUELA

ARRAIZ LUCCA, Rafael, "Historia Política de Venezuela: 1498 a Nuestros Días", Editorial Universidad del Rosario, Bogotá, 2013

TARVER, H. Micheal y FREDERICK, Julia C., "The History of Venezuela", Palgrave Essential Histories, St. Martin's Griffin, 2006

Made in the USA
Columbia, SC
20 December 2018